AF470200

LE JAPON À SES ALLIÉS

By Hokusaï (1760-1849)

By Kôrin (1661-1716)

UN TÉMOIGNAGE
DE SYMPATHIE EFFECTIVE

DE LA PART DE

L'ASSOCIATION JAPONAISE

formée en vue de

porter secours

aux militaires blessés et malades

et aux autres victimes

de la guerre

dans les Etats alliés

LE JAPON
À
SES ALLIÉS

❀ ❀ ❀

UN TÉMOIGNAGE
DE SYMPATHIE EFFECTIVE

DE LA PART DE
L'ASSOCIATION JAPONAISE
formée en vue de
porter secours
aux militaires blessés et malades
et aux autres victimes
de la guerre
dans les Etats alliés

———

TOKYO, JAPON

1917

COMPOSÉE ET PUBLIÉE

PAR

L'ASSOCIATION JAPONAISE FORMÉE EN VUE DE PORTER
SECOURS AUX MILITAIRES BLESSÉS ET MALADES
ET AUX AUTRES VICTIMES DE LA GUERRE
DANS LES ETATS ALLIÉS

IMPRIMÉE PAR LE "JAPAN MAGAZINE Co."
TOKYO, JAPON

LETTRE-CIRCULAIRE

DE L'ASSOCIATION FORMÉE EN VUE DE PORTER SECOURS AUX MILITAIRES
BLESSÉS ET MALADES ET AUX AUTRES VICTIMES DE LA
GUERRE DANS LES ETATS ALLIÉS

Une terrible guerre, telle que l'Histoire n'en a jamais connu, a enveloppé dans ses affreux ravages l'Europe presque tout entière et s'est fait ressentir jusqu'en Asie orientale : les sciences et les arts ont été mis au service du carnage et de la destruction, les projectiles lancés sillonnent, labourent et bouleversent les champs, qu'ils couvrent d'un nuage délétère et jonchent de cadavres sanglants.

Trois années se sont écoulées depuis que cette terrifiante hécatombe a commencé.

Si de nombreux combattants sont tombés pour ne plus se relever, il y en a un plus grand nombre qui, blessés ou atteints de maladies, vivent encore en gémissant dans leurs souffrances. Incalculable est le nombre de veuves et d'orphelins que la mort du père ou du mari a laissés sans soutien et qui font retentir les airs de leurs cris de détresse.

Rien n'est plus navrant que ces spectacles que la guerre cruelle ne cesse d'offrir au monde.

Le Japon, qui s'est joint aux Alliés dès le début de la guerre, se trouve être l'un des Etats belligérants. Eloignée cependant qu'elle est du centre de la guerre, notre nation n'a plus été mise en contact direct avec les horreurs de la guerre depuis la fin de l'expédition à Tsingtau et de la campagne dans les mers du Sud. Mais elle n'a jamais porté ses regards vers l'Occident sans ressentir une poignante tristesse et éprouver une profonde sympathie pour ceux qui souffrent là bas, loin d'elle, de toutes sortes de maux.

En conséquence, les promoteurs de notre œuvre ont décidé de faire appel aux sentiments généreux de la nation pour réunir un fonds de secours et pour déléguer dans les Etats Alliés un envoyé spécial, porteur des dons destinés, en témoignage de sympathie, aux militaires blessés et malades, ainsi qu'aux autres victimes de la guerre dans les Etats alliés.

Puisse notre appel être entendu avec bienveillance et accueilli avec empressement par toutes les personnes de bonne volonté !

Janvier de la 6ᵉ année de Taishŏ (1917).

RÈGLEMENT DE L'ASSOCIATION

Article premier. L'Association porte le nom d'" Association formée en vue de porter secours aux militaires blessés et malades et autres victimes de la guerre dans les Etats alliés."

Article 2. L'Association a pour but de porter secours et de témoigner de la sympathie aux militaires blessés et malades ainsi qu'aux autres victimes de la guerre dans les Etats alliés d'Europe et de prendre à cet effet les mesures nécessaires.

Article 3. L'Association a son siège dans un des locaux de la Chambre des Représentants.

Article 4. L'Association recourra aux souscriptions bénévoles du public en général pour atteindre le but énoncé ci-dessus. Toute souscription ne sera cependant pas inférieure au minimum de dix yen.

Article 5. Le bureau de l'Association sera ainsi composé :

- *a)* 1 Président
- *b)* 2 Vice-Présidents
- *c)* 1 Comité Exécutif
- *d)* 2 Trésoriers-Inspecteurs
- *e)* 1 Sous-Comité
- *f)* ......conseillers

Article 6. Les souscriptions seront closes le 31 mars 1917.

Article 7. Toutes les questions relatives au choix et à l'envoi d'un délégué de l'Association aux Etats alliés seront réglées d'accord avec les autorités compétentes.

Article 8. Les questions graves seront soumises aux délibérations des conseillers et décidées avec l'approbation du Président de l'Association ; les questions d'intérêt secondaire seront décidées par le Comité Exécutif et les affaires courantes, expédiées par le Sous-Comité. La comptabilité sera dirigée par les Trésoriers-Inspecteurs.

Article 9. Les souscriptions seront reçues aux banques suivantes de Tokyo : Première, Quinzième, Centième, Mitsui, Mitsubishi, Yasuda, Sumitomo (Branche), Könoike (Branche), Naniwa (Branche) et, de même, aux banques de provinces, qui seront ultérieurement désignées.

AVANT-PROPOS

Un fonds de secours a été constitué par les soins d'une Association formée dans le but de permettre au peuple japonais de témoigner sa profonde sympathie aux militaires blessés et malades ainsi qu'aux autres victimes de la guerre dans les Etats alliés.

Ce fonds provenant des souscriptions recueillies dans tout l'Empire et dans toutes les classes de la société s'élève à la somme totale de 1,940,000 yen, y compris les 100,000 yen accordés en tout premier lieu par S. M. l'Impératrice comme encouragement de l'œuvre.

En vertu d'une décision prise par le Comité Exécutif de l'Association en date du 23 juillet 1917, la totalité de la somme réunie sera répartie de la manière qui suit :

Grande-Bretagne	Yen	368,000
France	,,	363,000
Russie	,,	363,000
Italie	,,	363,000
Belgique	,,	363,000
Serbie	,,	60,000
Roumanie	,,	60,000
Total	,,	1,940,000

BUREAU DE L'ASSOCIATION

PRÉSIDENT:

PRINCE IYESATO TOKUGAWA

VICE-PRÉSIDENTS:

BARON SHIBUSAWA   S. SHIMADA

COMITÉ EXÉCUTIF:

B. NAKANO, chef

S. HAYAKAWA   T. KAKINUMA   M. KUSHIDA

S. OHASHI   S. TERADA   T. WADA

K. YANAGITA   Z. YASUDA

TRÉSORIERS-INSPECTEURS:

BARON KONDO   BARON OKURA

Prince Iyesato Tokugawa,
Président de l'Association

Baron Shibusawa,
Vice-Président

S. Shimada,
Vice-Président

Baron Kondo,
Trésorier-inspecteur

B. Nakano,
Président du Comité Exécutif

Baron Okura,
Trésorier-inspecteur

Maréchal Comte Térnoutsi
L. Oška

Vicomte Motono
Marquis Kuroda

Collaborateurs

Collaborateurs

Baron Okuda *

M. Doi *

Baron Sakatani

K. Otani

Y. Kawasaki

Collaborateurs

* Ces messieurs malades se sont excusés

T. Kakinuma
S. Hayakawa

M. Kushida

S. Ohashi

Vue de l'intérieur du Bureau, où se prépare
souscrire pour le

S. Terada   T. Wada

K. Yanagita
Z. Yasuda

l'expédition des lettres-circulaires d'invitation à
fonds de secours

1. Entrée du Palais Impérial à Tokyo   2. Pont de chemin de fer sur le Yalou   3. Plantations de cannes à sucre à Formose

Vues de quelques lieux célèbres du Japon

LA TÂCHE DES ALLIÉS

par le Prince IYESATO TOKUGAWA

Président de la Chambre des Pairs, Président de l'Association formée
en vue de porter secours aux militaires et malades et aux autres
victimes de la guerre dans les Etats alliés

IL faut avouer que notre entreprise n'a pas acquis toute l'importance qu'elle aurait dû avoir et qu'en conséquence, le résultat obtenu n'est guère satisfaisant. Mais ce qui nous est néanmoins agréable, c'est que l'œuvre entreprise nous a heureusement fourni l'occasion de proclamer publiquement avec un grand nombre de nos compatriotes ce que nous avions constamment au cœur.

Il est certain que, depuis que l'humanité existe, jamais la terre qui la porte, n'a été témoin d'une manifestation aussi colossale et aussi grandiose des énergies de l'homme que dans la guerre actuelle. Et dans l'avenir le monde n'assistera plus souvent, me semble-t-il, à un spectacle aussi imposant que cette marche des nations allant droit à un but élevé et juste, et marchant continuellement sans jamais dévier et sans répit ni relâche depuis 3 ans qui se sont écoulés si rapidement.

Les télégrammes, malgré leur laconisme, nous permettent de temps à autre de nous rendre compte de la fréquence de traits héroïques qui se répètent à l'infini et de mesurer l'étendue du sacrifice d'existences précieuses que ces actions occasionnent. Nous pouvons en même temps nous faire une idée d'une foule de faits cachés que les communiqués ne nous rapportent pas : projets et plans de guerre élaborés, qui ne doivent pas encore être révélés et drames de famille qui sont peut-être condamnés à rester ignorés à jamais.

Notons que la nation japonaise a une expérience relativement récente de ce que c'est qu'une guerre, car elle compte nombre de gens jeunes des deux sexes, qui ont sacrifié à l'Etat ce qu'ils avaient de plus cher au monde. Il y existe des milliers de braves dont la seule vue raconte leurs exploits d'autrefois.

Point n'est besoin pour nous de faire travailler beaucoup notre imagination afin de sympathiser aux souffrances comme aux espérances de nos Alliés. Si notre charge est relativement légère eu égard à la part qui nous revient dans cette guerre, rien n'est plus contraire à la vérité que de nous représenter comme si nous gardions une attitude de spectateurs désintéressés.

C'est que, jusqu'aujourd'hui, l'occasion ne s'était pas offerte à nous de montrer nos sentiments. A ce point de vue seulement, il est heureux que l'œuvre de l'Association, quelque modeste qu'elle soit, ait fourni à nos compatriotes une occasion suffisante de donner carrière à leurs sentiments.

La difficulté des communications et autres motifs nous ont cependant fait abandonner le projet, que nous avions adopté au début, d'envoyer dans les Etats Alliés une délégation chargée d'y porter les dons recueillis au profit des malheureux, qui ont été victimes de la guerre.

Puisse le présent livret, à défaut de cette délégation, porter notre message dans tous les camps, chez le plus grand nombre possible des braves qui se battent et peinent sans témoins de leur héroïsme ou qui restent isolés et tristes dans un poste avancé, et leur dire à eux tous pour nous d'*accepter la bonne intention pour la réalité*.

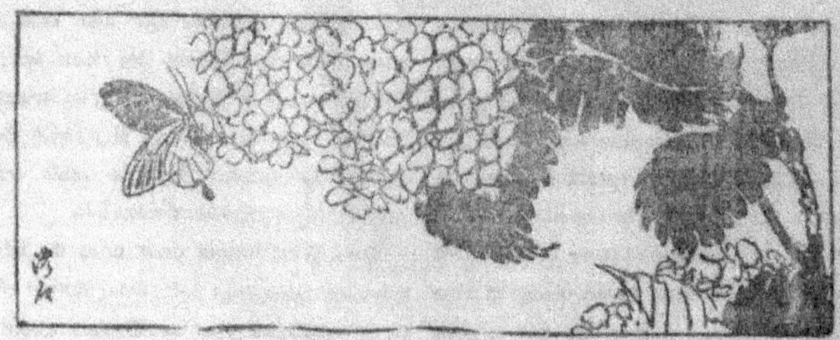

ORIGINE DU FONDS
DE SECOURS

par le Baron EIICHI SHIBUSAWA

Vice-Président de l'Association formée en vue de porter secours aux Militaires
blessés et malades et aux autres victimes de la
guerre dans les Etats alliés

LA question d'envoyer sous forme de dons des secours aux militaires blessés et malades ainsi qu'aux autres victimes de la guerre dans les Etats alliés a occupé à Tokyo les promoteurs de ce projet dès la fin de l'année 1916. Pour le mettre à exécution, une association fut formée en janvier 1917 et des circulaires aussitôt distribuées dans tout l'Empire. L'œuvre fut accueillie avec empressement par toute la nation et les souscriptions sont closes de telle sorte que nous pourrons procéder, dans le courant du mois d'août de la présente année, à la répartition de la somme recueillie entre les mains des destinataires.

Dans cette circonstance, je ne puis qu'applaudir avec joie à l'heureuse idée du Comité Exécutif de l'Association, qui a décidé de faire composer une notice explicative du but de notre œuvre. Cette petite publication, à laquelle seront invités à collaborer non seulement les promoteurs eux-mêmes, mais encore des hommes politiques, des savants et autres personnages marquants du Japon, sera destinée à transmettre leurs impressions personnelles aux gouvernements et aux peuples des Etats alliés.

Moi-même ayant l'honneur d'être l'un des promoteurs de l'œuvre, il m'est très agréable d'en dire ici quelques mots. Je ne me laisserai pas emporter par l'élan de ma joie et je ne m'oublierai pas au point de parler trop avantageusement de cette œuvre, et de tomber ainsi dans le ridicule de chanter mes propres louanges. Cela ne m'empêchera pourtant pas de constater ici avec satisfaction que je ne me suis nullement trompé dans ma conviction que, vu son utilité et son opportunité, mon initiative ne manquerait certainement pas d'emporter l'adhésion de toute la nation à l'entreprise de notre Association, qui en effet a eu du succès. Il convient, me semble-t-il, de retracer dans la brochure destinée aux Alliés, la marche suivie par cette entreprise pour aboutir au résultat qu'elle a produit.

La guerre européenne qui éclata il y aura juste 3 ans au mois d'août, ne nous a pas moins surpris par sa soudaineté que ne l'aurait fait un coup de foudre inattendu, qui serait tombé par un ciel serein. Ses causes qui ne pouvaient pas alors être nettement définies par suite de la diversité des versions contradictoires données par la presse et les autres voies d'informations, semblent aujourd'hui pouvoir se ramener,—je puis, sans crainte d'erreur, l'affirmer,—à celle-ci : conflit d'idées entre les oppresseurs des faibles et des petits et les défenseurs de ces derniers dans l'intérêt du droit et de la justice, ou autrement dit, conflit de deux principes opposés : respect et paix entre les nations d'une part et injuste agression en vue de conquêtes d'autre part.

Il va de soi que notre pays n'a pu épouser le principe d'injuste agression. D'ailleurs, la direction de sa conduite lui était tout indiquée par son traité d'alliance avec l'Angleterre, si bien que le gouvernement Impérial adopta la cause des Alliés avec la sincère approbation de la nation entière pour participer à la guerre européenne.

En conséquence, le Japon qui, en principe, n'aime point la guerre, se vit dans la nécessité de porter aussitôt les armes à Kiauchau, à ce poste avancé des Allemands, situé à plusieurs milliers de lieues du foyer même de l'épouvantable conflagration. La nation qui attendit avec impatience le résultat de cette opération militaire, eut la joie d'apprendre, le 7 novembre, la prise de la forteresse de Tsingtau tombée au pouvoir de l'armée japonaise plut tôt qu'on ne l'espérait.

Il fallut ensuite une intervention de la marine japonaise pour assurer aux Alliés la maîtrise des mers en Extrême-Orient et sur le Pacifique du Sud et déloger les Allemands de leurs possessions océaniennes, ce qui dut s'accomplir sans encombre, me semble-t-il. Mais complètement étranger à toutes ces questions d'ordres militaire et naval, je ne puis m'étendre là-dessus plus au long. Je sais cependant que les résultats obtenus dans cette sphère d'activité sont dûs aux efforts loyaux et vaillants de nos soldats et de nos marins, que toute la nation devrait saluer avec respect et reconnaissance. D'ailleurs nos Alliés aussi sont sans doute satisfaits d'avoir vu le Japon s'acquitter ainsi et avec succès du devoir, qui lui incombait, de maintenir la paix en Extrême-Orient.

Etant donnée l'incertitude de l'avenir et ne pouvant conjecturer quand et comment cette guerre finira, puisque nos hommes du gouvernement, qui sont cependant bien renseignés, ne peuvent rien prédire de précis à ce sujet, nous autres qui sommes plus portés que quiconque à aspirer à la paix, en raison même de nos occupations professionnelles, nous ne sommes pas exempts d'inquiétude sur la fin encore incertaine du cataclysme qui a bouleversé le monde économique.

Il est vraiment navrant de voir que la guerre prend des proportions sans cesse grandissantes avec un accroissement d'horreurs et d'atrocités indicibles commises par l'ennemi au mépris des principes d'humanité et de justice et qui rejettent ainsi le monde dans les ténèbres de la barbarie.

Il y a 50 ou 60 ans, c'était sous le shôgounat Tokugawa, lorsque j'étais mêlé aux affaires diplomatiques, j'étais l'un de ceux qui se représentaient les Européens et les Américains comme des barbares aussi féroces que rapaces, âpres au gain et avides de conquêtes, et oppresseurs des faibles et je croyais de bonne foi que l'intérêt de l'Empire commandait que l'on se méfiât de ces barbares qui seraient dangereux dans les rapports qu'allait entretenir avec eux par la conclusion de traités de commerce, le gouvernement d'alors qui était imprévoyant selon moi et d'ailleurs intimidé à la vue de leurs navires de guerre formidables par l'artillerie. Aussi étais-je alors partisan de la politique xénophobe tendant à fermer le pays aux étrangers.

Telle était dans ma jeunesse ma grave erreur, qui était venue de ma complète ignorance des hommes et des choses des pays étrangers.

Plus tard, mes connaissances acquises changèrent mes idées pour me permettre de savoir que toutes les nations n'étaient pas agressives et qu'en tout cas, aucune nation ne pouvait vivre isolée des autres sans se condamner à demeurer en arrière en dehors de la civilisation bienfaisante, dont le progrès ne se fait qu'en commun dans toute l'humanité.

A la suite de cette conviction qui m'a fait faire une volte-face complète, j'ai depuis lors plaidé en faveur de la politique de la porte ouverte.

Cependant la guerre actuelle m'a donné lieu de reconnaître que l'opinion erronée que ma jeune imagination m'avait fait d'abord nourrir, renfermait quand même un grain de vérité dans ce sens qu'il existe en effet certaines nations dont la société n'est vraiment pas à désirer pour l'Empire et auxquelles leur progrès matériel a servi plutôt pour l'accomplissement de leurs projets barbares. Il n'en est pas ainsi des nations alliées qui, ayant pour principe de respecter le droit et la justice, combattent le principe du droit du plus fort, ce pour quoi nous leur devons une haute estime avec une sincère gratitude.

Notre pays qui, par amour de la paix, est entré lui-même dans le rang des Alliés et qui a déjà joué un certain rôle dans la guerre, est désireux de témoigner à nos alliés et amis d'Europe sa vive sympathie pour les souffrances de leurs militaires blessés et malades ainsi que pour celles de leurs autres victimes de la guerre.

Voilà la raison qui a donné naissance à notre Association.

Primitivement son projet était de limiter l'envoi de secours aux militaires et aux malades. Plus tard on s'est ravisé et l'on

a pensé avec raison qu'il conviendrait d'en étendre la bienfaisance à toutes les populations civiles, telles que la population belge, qui ont été les victimes de procédés sauvages de l'ennemi et qui méritent notre vive sympathie, comme nous l'avons dit d'ailleurs dans notre circulaire.

Pour en revenir à la marche de notre entreprise, faisons remarquer que l'Association constituée à la fin de l'année dernière, publia son programme au mois de janvier 1917. Elle comptait clore ses souscriptions en 3 mois environ, lorsque survint la dissolution de la Chambre, suivie des élections générales. Cet événement inattendu fit reculer la date de la clôture des souscriptions jusqu'en juin.

Pour provoquer des adhésions à l'œuvre, j'ai fait des tournées de propagande dans les villes de Tokyo, d'Osaka, de Kobe et ailleurs.

Lors de la formation de l'Association, nous avions l'intention, comme cela a été dit dans la circulaire, de déléguer dans les Etats alliés une mission chargée de porter les dons à leurs destinataires respectifs. Ce projet ayant dû être abandonné pour des raisons sérieuses, nous avons cru ne pouvoir mieux faire que de demander à nos chefs de mission diplomatique dans ces Etats de se charger du soin de répartir les dons entre les intéressés et de nous servir, en même temps, de porte-parole auprès d'eux.

Je répète encore que les dons à distribuer ne sont que des gouttes d'eau dans l'Océan en comparaison des dépenses colossales de guerre qu'entraîne l'entretien sur pied d'un nombre inconcevable de combattants.

Je prie le lecteur de vouloir bien comprendre que la modicité de cette somme de 2.000.000 de *yen* ne devrait pas servir de base pour apprécier la sincérité de nos sentiments nationaux.

LES AUTEURS DE LA GUERRE

par SABURO SHIMADA

ex-Président de la Chambre des Représentants,
Vice-Président de l'Association formée en vue de porter secours aux Militaires
blessés et malades et aux autres victimes de la guerre dans les États alliés

ON se rappelle que la rupture diplomatique entre l'Autriche et la Serbie en juillet 1914 a eu pour conséquence l'ouverture de la guerre entre la Russie, la France et l'Angleterre d'une part et l'Allemagne et l'Autriche-Hongrie d'autre part.

Cette guerre qui est la plus épouvantable que le monde ait jamais vue, dure depuis plus de 3 ans. L'Allemagne a beau prétendre que, provoquée au combat, elle a été forcée de se battre pour sa propre défense. Le temps qui s'est écoulé depuis, nous a permis de recueillir amplement des témoignages qui ont complètement démenti l'assertion germanique. Nous allons en citer ici quelques-uns :

L'ultimatum qui a été adressé par l'Autriche à la Serbie avait été préalablement et secrètement soumis à l'approbation du Kaiser.

A l'époque où des négociations diplomatiques suivaient leur cours entre les Puissances intéressées, les préparatifs avaient été complètement achevés pour pouvoir transporter au premier signal les troupes allemandes mobilisées sur la frontière belge, tandis que rien de pareil ne se voyait en France sur la frontière belge, qui d'ailleurs n'était pas solidement fortifiée.

D'après l'"England Effort" par M. Humphry Ward, l'Angleterre ne possédait alors comme force militaire qu'une armée active de 233.000 hommes avec 263.000 de l'armée territoriale.

Ces faits suffisent à répondre péremptoirement à l'odieuse calomnie des Allemands, qui accusent les Français et les Anglais d'avoir voulu la guerre. Et il est évident que, vu les circonstances, les Russes à eux seuls n'étaient nullement disposés à la guerre.

En conséquence, le souverain allemand et son entourage doivent assumer la responsabilité initiale de toutes les pertes occasionnées par cette guerre, à savoir : des millions d'hommes tués, blessés et malades ; des milliards de dépenses déjà effectuées, ainsi que toutes sortes de destructions irréparables. Et quant à cette grave responsabilité, l'Autriche, complice de l'Allemagne ne saurait éluder la part qui lui en revient.

Pour mettre maintenant en parallèle les différentes nations aujourd'hui belligérantes, consultons l'histoire contemporaine: nous y trouverons l'Angleterre, la France, l'Italie et les Etats-Unis soutenir depuis de longues années les principes de fraternité humaine et de respect international à l'encontre de l'Allemagne qui soutient un militarisme agressif basé sur le droit du plus fort.

Rappelons à ce propos ce fait que, lorsqu'une fois la Russie et les Etats-Unis prirent l'initiative d'ouvrir une conférence internationale de la Paix, l'Angleterre, la France, l'Italie et d'autres Etats s'empressèrent d'accepter cette proposition. Le Japon y donna de même son adhésion. Cette assemblée réunie à La Haye fut saisie de la question de l'institution d'un tribunal permanent d'arbitrage international. Elle eut en outre à discuter les questions suivantes: interdiction de l'usage en guerre des balles explosibles dums-dums, défense d'attaquer les villes ouvertes et limitation des armements. Mais l'Allemagne n'eut point d'oreilles pour la plupart de ces propositions d'intérêt humanitaire. On voit que déjà alors peu disposée à la paix, elle préméditait une guerre.

Lorsqu'éclata enfin cette guerre, le Japon, conscient de son devoir de maintenir l'ordre en Extrême-Orient et respectueux, d'autre part, du traité d'alliance anglo-japonais, se hâta d'embrasser la cause de la justice et de se ranger du côté des Alliés pour mettre en campagne ses troupes de terre et de mer et prendre ainsi une part active à la guerre.

Il convient de faire remarquer ici qu'indépendamment même des obligations de tout traité, le désir de la nation japonaise a toujours été de prendre à sa charge la sauvegarde de la paix en Extrême-Orient et de coopérer au maintien ou au rétablissement de la paix mondiale.

Cela étant, le Japon qui partage les joies et les tristesses de ses Alliés, ne peut se défendre d'avoir une profonde sympathie pour eux, parce qu'il sait que la navrante adversité courageusement supportée par la Belgique et la Serbie et la lutte vaillante, mais pénible que soutiennent les Anglais, les Français, les Italiens et les Russes ne sont pas autre chose que des prix payés par eux pour anéantir l'ambition démesurée du monarque allemand. Notre pays sait aussi que dans la guerre actuelle, la justice est du côté des Alliés qui se proposent de vaincre la force brutale et de mettre un terme aux désordres que celle-ci peut occasionner; que c'est une lutte nécessaire au rétablissement de la paix dans le monde et que par conséquent la même cause et un but commun font agir les Alliés sans regarder aux immenses sacrifices que la lutte impose.

Il est à peine nécessaire de dire que l'ambition du Kaiser met en péril le principe d'humanité et menace la civilisation même dans son progrès. Supposé que les désirs du Kaiser se soient accomplis, la force serait maîtresse de la raison ; de sorte que les grands pays ne se gêneraient plus d'annexer les petits, que les États puissants ne se feraient plus scrupule d'outrager les faibles, que les relations internationales ne reposeraient plus sur le droit, mais sur la force, que la force armée servirait de base à tout argument et enfin que la raison appartiendrait toujours au vainqueur par la force.

Voilà un principe aussi absurde que dangereux, car il est une menace pour la morale de la société des nations.

Telles sont les raisons pour lesquelles, je tiens à exprimer à nos Alliés, avec ma haute estime pour leurs vertus héroïques, ma plus grande sympathie pour leurs souffrances.

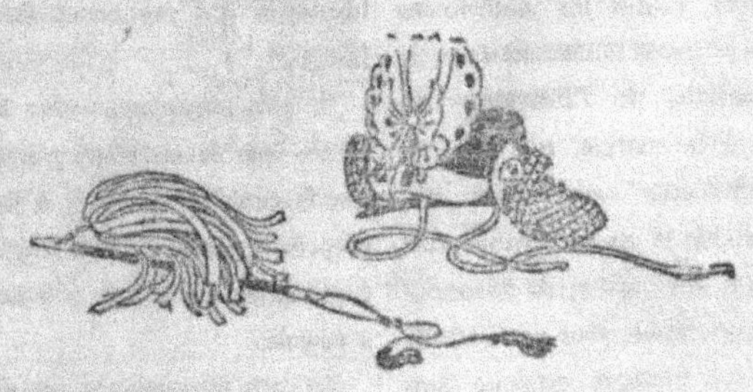

HOMMAGE DU FONDS DE SECOURS

par le Maréchal Comte TERAUCHI

Président du Conseil des ministres, ex-Gouverneur Général de la Corée

LA guerre européenne qui dure depuis 3 ans, ne paraît pas encore toucher à sa fin; il semble même que d'année en année, elle redouble de violence et d'horreur, tuant ou blessant d'innombrables soldats sans épargner les civils dont elle fait un très grand nombre de victimes. Spectacle affreux de carnage rougissant de sang les flancs des montagnes et les cours d'eau!

Si notre Empire qui a, dès le début, embrassé la cause de la justice et pris part à la guerre, est éloigné et partant préservé de la sanglante catastrophe, il n'en est pas moins décidé à partager jusqu'à la fin avec ses Alliés toutes les souffrances communes, ne différant nullement en cela des autres nations de l'Entente. En conséquence, notre nation n'a pas pu demeurer indifférente aux maux qui affligent nos Alliés et sa sympathie s'est enfin manifestée sous forme de souscriptions généreuses réunies pour un fonds de secours, destiné à soulager, quoique dans une mesure modeste, les souffrances des soldats blessés et malades aussi bien que celles des autres victimes de la guerre dans les Etats alliés.

Mes lourdes préoccupations de Président du Conseil ne m'empêchent pas d'avoir toujours présents à l'esprit les maux de la guerre actuelle. Aussi me suis-je empressé d'applaudir à cette louable initiative et je suis heureux de la voir réalisée avec succès.

Il est vrai que ce don est trop minime pour pouvoir contribuer grandement au soulagement de l'immense désastre. Mais cette expression de notre sympathie ne peut-elle cependant pas être regardée comme faisant partie des faisceaux lumineux qui rayonnent de milliers de lampes?

Je suis convaincu,—ai-je besoin de le dire?—que la situation générale ne sera que favorable aux Alliés, à juger l'avenir d'après le passé, mais je regrette d'avoir à constater que la paix sera encore longue à revenir.

En cette circonstance, une simple parole de sympathie même pourrait encourager les soldats des armées alliées.

Je ne doute donc pas que les nations belligérantes, nos amies et alliées, ne soient assez magnanimes pour apprécier à sa juste valeur la sympathie témoignée par notre nation avec toute sa sincérité de sentiment.

Par conséquent, en remerciant vivement mes compatriotes qui ont travaillé à l'accomplissement de l'œuvre généreuse, il me reste à souhaiter aux armées alliées une suite ininterrompue de succès.

SYMPATHIE DU JAPON

par le Vicomte MOTONO

Ministre des Affaires Etrangères

Le Japon suit avec une admiration émue les efforts héroïques déployés par toute les nations amies et alliées dans cette guerre infernale, unique dans les annales de l'Humanité.

Consciente de ses devoirs d'humanité envers toutes les nations combattant pour le triomphe du droit et de la justice, la nation japonaise a voulu contribuer au soulagement des malheureuses victimes de cette guerre qui ravage le monde depuis trois ans.

La faible offrande du Japon n'est peut-être qu'une goutte d'eau dans l'océan, mais j'ose espérer que les sentiments de la plus haute solidarité et de la plus sincère sympathie qui ont guidé la nation japonaise dans cette œuvre de bienfaisance seront certainement compris par nos amis et alliés.

SYMPATHIE DE LA NATION JAPONAISE

par le Marquis KURODA

Vice-Président de la Chambre des Pairs

A NOTRE vif regret et à notre profonde affliction, la plus terrible guerre, que les annales de l'humanité aient jamais enregistrée, se poursuit avec rage et sans merci, sans encore laisser entrevoir la moindre perspective de sa fin prochaine, imposant d'immenses sacrifices aux Puissances avec lesquelles nous avons fait cause commune, occasionnant dans leurs Etats les pertes les plus considérables en vies et en propriétés et offrant ainsi un spectacle d'horreurs indescriptibles.

Par sa situation géographique, le Japon, éloigné du principal théâtre de la guerre qui a enveloppé presque tout le continent européen dans une catastrophe sans limite, a été mis à l'abri des péripéties de ce drame tragique, dont il reste pour ainsi dire indemne.

La distance qui nous sépare de l'Europe, ne nous a cependant pas empêchés de suivre avec émotion le progrès des efforts de nos Alliés combattant vaillamment pour la civilisation et l'humanité et de compatir aux souffrances de leurs soldats ainsi qu'à celles de la population civile des localités voisines de la zône de feu.

Ces sentiments, aussi sincères que généraux chez nous, ont été effectivement manifestés sous forme de résolution votée à la Diète Impériale en janvier dernier pour adresser à nos Alliés le salut de la nation et son expression de sympathie.

Mais la nation entière ne peut pas se contenter de pareille protestation platonique de nos sentiments, si bien qu'une association formée sous la présidence du Prince Tokugawa, ayant fait appel à une souscription de fonds de secours, a rencontré, à tous les degrés de la société japonaise, un écho cordialement bienveillant, qui prouve et notre respect pour l'admirable conduite de nos Alliés et notre sympathie pour leurs sacrifices considérables, puisque notre vœu général est que les Puissances de l'Entente, par un complet succès, acquièrent la victoire décisive et finale avec une garantie perpétuelle de la paix du monde et du bonheur de l'humanité.

LE JAPON POUR LA JUSTICE

par JUICHI SOEDA

ex-Vice-Ministre des Finances, ex-Président de la Banque de Formose,
ex-Président de la Banque Industrielle, ex-Président de
la Direction Générale des chemins de fer de
l'Etat, Directeur du Journal Hochi

LE Japon est souvent représenté par les malveillants comme une nation belliqueuse, ne soupirant qu'après des conquêtes C'est là une erreur tout à fait grossière. La preuve en est que pas une grande guerre n'a été entreprise par le Japon, sans qu'il y ait été forcé indépendamment des sa volonté, ou qu'il se soit vu dans l'impérieuse nécessité d'en venir aux mains pour sa propre défense et pour le maintien de la paix en Extrême-Orient. Sa participation à la guerre européenne actuelle n'a été qu'une conséquence de l'observation du traité d'alliance anglo-japonais.

Disons incidemment que le Japon a pour principe de respecter fidèlement tous les traités et tous les engagements contractés par lui avec un autre Etat. C'est ainsi que, répondant à la première invitation de son alliée, le Japon n'hésita pas de se lever aussitôt pour tenir tête aux Empires centraux et pour délivrer l'Extrême-Orient de la menace des forces militaire et navale allemandes qui avaient leur base d'opérations à Kiauchau.

Ne se bornant pas néanmoins à détruire la forteresse allemande à Tsingtau et à jouer un rôle sinon principal, du moins très actif pour purger le Pacifique et les mers océaniennes des pirates allemands et ne s'endormant pas sur ses lauriers, le Japon a continué et continue toujours de bon cœur à aider ses alliés, leur fournissant des munitions et autre matériel de guerre, ainsi que des fonds et, de plus, il a même détaché une partie de sa flotte dans la Méditerranée.

Les troubles récents en Chine n'ont pas tenté le Japon aux dépens de ce pays, comme cela aurait pu être une tentation pour toute autre nation agressive. C'est que le Japon qui était animé, dans ses rapports avec la Chine, du seul désir d'y maintenir l'ordre et la paix, a voué tous ses soins à obtenir ce résultat. S'il en avait été autrement, la conséquence en aurait été des plus graves, car les alliés se seraient trouvés dans la cruelle nécessité de diviser leurs forces engagées en Europe dans la terrible lutte qui absorbe toutes leurs énergies.

Les faits ont donc complètement démenti le bruit étrange et sans fondement qui courait et d'après lequel le Japon aurait voulu, d'une part, s'emparer de la Chine et, d'autre part, envoyer une importante armée dans le territoire russe.

Il est donc évident que le Japon n'a pas seulement été fidèle à l'Alliance anglo-japonaise et à tous ses engagements contractés avec l'Angleterre, la France et la Russie, mais qu'il a assuré à toutes les Puissances de l'Entente l'appui qu'il est en mesure de leur donner.

En un mot, la parfaite communauté d'intérêts qui lie le Japon aux Puissances combattant contre l'Allemagne et l'Autriche devait bien avoir pour conséquence naturelle sa sincère et profonde sympathie pour les souffrances et les sacrifices des Puissances de l'Entente.

En effet la Diète Impériale vota en janvier 1917 une résolution tendant à adresser aux Alliés un hommage de haute estime et de profonde sympathie de la nation entière pour leurs nobles efforts dans une lutte soutenue par eux si vaillamment nonobstant les plus graves difficultés. Mais la nation japonaise ne fut pas satisfaite de cette simple manifestation, de telle sorte que bientôt une association fut formée dans le but de rendre pratique et réelle sa sympathie pour les malheureux des Etats alliés et de réunir à cet effet une souscription nationale de fonds de secours nécessaires. L'association eut pour président le Prince Tokugawa, Président de la Chambre des Pairs et pour vice-présidents le Baron Shibusawa, doyen du monde financier et M. Shimada, Président de la Chambre des Représentants. L'appel lancé par elle dans le public lui valut une approbation cordiale de toute la nation et les souscriptions venant de toutes les classes de la société et de tous les points du pays, se montèrent au total d'environ 2.000.000 de *yen*. Dans sa dernière réunion générale qui eut lieu le 23 juillet 1917, l'association décida la répartition de cette somme entre l'Angleterre, la France, la Russie, l'Italie, la Belgique, la Serbie et la Roumanie au profit des militaires blessés et malades et des autres victimes de la guerre dans ces Etats.

Quelque minime que soit la somme réunie, elle n'en est point moins respectable, puisqu'elle exprime la sympathie cordiale d'un grand nombre de donateurs volontairement généreux.

Ne passons pas sous silence que la sympathie que nous avons aussi pour les souffrances et les sacrifices des Chinois qui se battent actuellement, est d'autant plus vive que, suivant la même voie que nous, ils combattent un ennemi qui nous est commun à eux et à nous.

Déclarons encore que la paix, la civilisation et l'humanité sont des idéals, auxquels le Japon a toujours aspiré et répétons qu'il ne croit devoir se décider à une guerre que pour sa propre défense et non jamais dans un but égoïste ou de conquête. Dès lors il n'y a rien d'étonnant dans la sympathie que nous ne cessons d'avoir pour les Puissances de l'Entente, comme dans les vœux que nous formons pour leur victoire complète et finale sur le militarisme agressif et sur la barbarie inouïe, pratiqués sans merci par les Empires du Centre.

MES VŒUX POUR LA PAIX

par KAHEI OTANI

Président de la Chambre de Commerce de Yokohama, de la 74ᵉ Banque et de
l'Association des négociants en thé du Japon, etc., etc.

LE maintien de l'ordre et de la sécurité dans un pays est subordonné au règne permanent de la paix dans le reste du monde. Il existe, entre l'un et l'autre, une étroite corrélation que l'on ne saurait nier.

La paix est donc mon vœu le plus cher, qui a toujours et constamment dominé mes pensées journalières, pour que, par elle, la justice et le droit puissent être sauvegardés dans le monde et en faveur du genre humain. Or, de l'Europe qui en est le berceau, la vraie civilisation allait rayonnant sur le monde, et voici que soudain la guerre européenne en arrête l'essor, ce qui est vraiment déplorable.

L'un des effets désastreux de toute guerre est assurément la destruction des richesses et la perturbation économique de tous les pays : les dépenses que la guerre actuelle a occasionnées aux nations belligérantes se montent déjà au total de centaines de milliards, dont la majeure partie hélas est perdue sans retour sur terre et sur mer. Il s'ensuit naturellement que leur état financier, qui s'en ressent, offre un spectacle insoupçonné avant la guerre. Voilà pourquoi je ne cesse de désirer la paix !

La guerre qui se poursuit en Europe est un cataclysme inouï, qui consterne le monde.

Aux combattants qui, en vue de ramener la paix, ont pris part à cette horrible guerre et aux civils qui en ont été les victimes, nous autres sujets japonais, nous tenons à exprimer notre reconnaissance toute cordiale.

La paix devant être longue à revenir, la tâche sera dure encore.

En attendant, je ne puis que prier toutes les personnes, déjà victimes de la guerre, de se ménager et de se conserver à leur patrie et je les prie enfin d'agréer mon salut fraternel.

LA GUERRE CONTRE L'ALLEMAGNE

par CHŪJIRÔ MATSUYAMA

Rédacteur en chef du journal Tokyo-Asahi

MALHEUR au pays qui a pour voisine une Allemagne militariste et agressive ! Si la France et la Russie, Puissances de premier ordre, ne peuvent goûter le repos tant qu'elles se voient en contact immédiat avec une nation aussi déloyale et aussi tyrannique que l'Allemagne, quelle est donc la situation des petits Etats pacifiques constamment plus exposés aux dents du vampire germanique, comme la Belgique, la Roumanie et la Serbie, qui ont acquis tout récemment une cruelle expérience de leur insécurité ?

Il est en effet incontestable que l'Allemagne s'est faite l'ennemie commune de toutes les nations. L'Angleterre même qui, jadis tranquille dans sa position insulaire et sous l'égide de son invincible flotte, n'avait nullement à redouter le militarisme germanique et les armements austro-allemands, voit aujourd'hui sa situation subitement et complètement changée par suite de l'entrée en scène d'avions et de sous-marins, de ces nouveaux engins de guerre qui lui ont enlevé le privilège naturel auquel elle se complaisait tant : elle n'a plus de sécurité chez elle. Aujourd'hui que le perfectionnement ainsi apporté aux engins de combat a fourni à l'ennemi de nouveaux moyens d'assouvir son ambition de conquêtes, il importe plus que jamais de ne pas laisser échapper, sous peine de désordres dans le monde, l'occasion qui s'est offerte de châtier les Austro-Allemands et de les réduire à l'impuissance de nuire aux autres.

L'Allemagne a menacé la paix et la liberté non seulement en Europe, mais encore dans le monde entier. Il est aujourd'hui de notoriété que les Allemands cherchaient à s'immiscer dans les affaires d'Afrique, qu'ils travaillaient sournoisement à soumettre l'Amérique à leur influence et que leur funeste activité se manifestait déjà en Extrême-Orient : ils s'étaient emparés d'un archipel océanien ; ils avaient arraché Tsingtau aux Chinois sous la menace outrageuse de leurs canons, voulant faire de ce territoire leur base d'opérations tendant à conquérir la Chine. Dans leur plan de conquêtes, le

Japon devait venir après la Chine. C'est que notre pays, quelque éloigné qu'il soit de l'Allemagne, n'en était pas moins menacé par le militarisme agressif des Teutons. En conséquence, la communauté d'intérêts devait naturellement porter le Japon à embrasser la cause des Alliés et à combattre avec eux un ennemi commun.

C'est pourquoi le Japon se hâta, dès l'explosion de la guerre européenne en août 1914, d'ouvrir les hostilités contre les Empires centraux ; il attaqua l'ennemi à Tsingtau ; il lui donna la chasse dans les mers du Sud et dans l'Océan Indien. Il est heureux que nous n'ayons pas été longs à délivrer ces mers de la présence de l'ennemi et à assurer la tranquillité de l'Extrême-Orient.

Supposé que les Alliés ne puissent pas suffisamment châtier l'ennemi commun, il pourrait recouvrir son influence en Asie et de nouveau, en menacer la paix.

Devant cette éventualité qu'il faudrait rendre impossible, devant la nécessité de se débarrasser à jamais de son ennemi, le Japon désirerait bien, si les circonstances pouvaient s'y prêter, transporter ses forces militaire et navale jusqu'en Europe.

Il est infiniment regrettable que l'on se trouve dans l'impossibilité pratique de réaliser un tel désir d'une façon efficace.

Il est juste, nous semble-t-il, de reconnaître hautement les précieux services que nos Alliés nous rendent en combattant en Europe l'ennemi commun.

Nous devrions donc estimer que les militaires blessés ou atteints de maladies sur le théâtre européen de la guerre l'ont été aussi pour nous et pour notre défense ; ce pour quoi nous ne saurions jamais entièrement nous acquitter envers ces braves de notre dette de reconnaissance.

Dans cette condition, un bon nombre de nos compatriotes ont tenu à faire preuve au moins, de leur bonne volonté par une collecte, qui serait faite au profit des Alliés, d'un fonds de secours quelconque, car cela nous permettrait de leur émoigner notre gratitude et, en même temps, de soulager, quoique dans une bien faible mesure, ceux d'entre eux qui souffrent soit de blessures, soit de maladies.

Pour montrer que cette œuvre était une manifestation nationale, elle a été placée sous le patronage de S. E. le Prince Iesato Tokugawa, fils du dernier Shôgunt actuellement Président de la Chambre des Pairs, qui a été nommé Président de l'Association. La Vice Présidence a été partagée entre M. Saburô Shimada, qui était alors Président de la Chambre des Représentants et le Baron Shibusawa, personnage influent et très populaire particulièrement dans le monde des Affaires.

Dès que le projet de l'Association fut porté à la connaissance du public, on s'empressa de venir à qui le premier verser au profit de l'œuvre en question.

Les souscriptions ainsi recueillies se sont à peine montées à près de deux millions de Yen. Il s'agit d'un résultat bien peu satisfaisant dont nous sommes vraiment honteux de rendre compte à nos Alliés.

Il ne faudrait cependant pas attribuer la modicité de la somme à l'indifférence de la majorité de la nation, mais aux conditions économiques peu élevées du pays. Il convient de faire remarquer à ce sujet qu'au Japon, jamais une somme aussi considérable n'avait été souscrite par le public en faveur des militaires blessés et malades ainsi que des autres victimes de la guerre; et cela, même pour l'armée japonaise, à l'occasion de la guerre sino-japonaise et de la guerre russo-japonaise, bien qu'alors aussi la nation ait répondu avec empressement à l'appel adressé à leur générosité patriotique.

Par conséquent, nous voudrions faire connaître à qui nous lira que, si en effet, dans les pays européens, qui sont nos devanciers en progrès, et sont habitués aux gros chiffres, la somme de deux millions paraît infime, elle représente néanmoins pour notre pays, une valeur monétaire effectivement plus importante qu'elle ne l'est en Europe.

Un proverbe japonais dit " une seule lampe offerte par un pauvre plutôt que dix mille lampes provenant d'un riche," ce qui signifie que la valeur d'un don dépend uniquement de l'intention du donateur.

Il est à désirer que nos Alliés veuillent, bien apprécier le don japonais d'après sa valeur morale plutôt que matérielle.

Comme journaliste de Tokyo, je prétends être suffisamment renseigné sur la mentalité de mes compatriotes et l'état économique de mon pays pour pouvoir déclarer ce qui précède en toute connaissance de cause.

L' "UME" ET LE "KUSUNOKI"

par YOSHITARO KAWASAKI

Directeur de la Banque Kawasaki et Sous-Directeur de la Compagnie de
construction navale Kawasaki

ENNEMIE de la justice, ennemie de l'humanité, ennemie de la liberté et ennemie de la paix, l'Allemagne est l'ennemie commune du monde entier !

Les nations alliées, qui se sont érigées en champions de ces principes unissent aujourd'hui leurs efforts pour châtier leur ennemi comme il le mérite.

Dès que Sa Majesté l'Empereur du Japon, notre Auguste Maître, qui ne le cède à personne sous le rapport de l'amour de la justice, de l'humanité, de la liberté et de la paix, a daigné, en conformité avec le traité d'alliance anglo-japonais et sans nulle hésitation, déclarer la guerre à l'Allemagne, dès lors, dis je, nos loyaux soldats se sont mis à l'œuvre pour conquérir la forteresse de Tsingtau, et occuper les possessions allemandes des mers du Sud et s'emparer ainsi de toutes les bases d'opérations que l'ennemi avait en Extrême-Orient et en Océanie. Il va sans dire que, dans cette campagne, ils ont été soutenus avec enthousiasme par toute la nation, qui a pris fait et cause pour les Alliés. On sait que, dès le début, elle leur a fourni du matériel de guerre, comme d'ailleurs elle le fait encore toujours.

Tout récemment, notre participation à la guerre européenne a pris une plus grande extension par l'envoi d'une flottille de nos contre-torpilleurs dans la Méditerranée. Deux des unités qui composent ce détachement méritent une mention spéciale : les contre-torpilleurs "Ume" et "Kusunoki" ont été construits sur notre chantier Kawasaki à Kobe, qui est fier, à juste titre, de les voir participer à une expédition aussi lointaine.

A propos des noms de "Ume" et de "Kusunoki," donnés à ces bâtiments de guerre, il me revient à la mémoire deux anecdotes qui se rapportent à la chevalerie japonaise et que je tiens à rapporter ici :

L'*ume* ou prunier, qui est l'emblème de la fidélité d'après le langage emblématique des fleurs en cours en Europe, a presque la même signification au Japon, où le prunier qui fleurit avant tous les autres arbres bravant les gelées et les neiges, symbolise le vrai homme de guerre d'un patriotisme à toute épreuve. Des légendes qui se rapportent à ce symbole abondent dans notre pays. Je vais citer celle qui me parait la plus intéressante. C'est celle de Kajiwara Kagesuye, qui porta dans son carquois une branche fleurie de prunier.

Jadis, au XIIᵉ siècle, pendant la guerre des Taïra et des Minamoto, une armée des Minamoto se porta au bois d'Ikuta (terrain occupé aujourd'hui par le temple d'Ikuta à Kobe) à l'est du château de Fukuhara pour attaquer les Taïra qui s'étaient retranchés dans ce château-fort. Parmi les assaillants, il y avait les deux célèbres guerriers Kajiwara Kagetoki et son fils Kagesuye.

Dans la chaleur du combat, tous deux s'étant jetés au milieu d'une mêlée générale, se perdirent de vue. Le père, inquiet sur le sort de son fils, court le chercher, lorsqu'il aperçoit un jeune guerrier aux prises avec de nombreux adversaires et reconnait en lui son fils. Le père se hâte de le rejoindre. Il le délivre des mains des ennemis qui le cernent de près et le ramène sain et sauf avec lui. Le jeune héros qui avait épuisé ses flèches, avait voulu placer comme signe de ralliement dans son carquois une branche fleurie de prunier cueillie en passant dans le bois d'Ikuta.

Cette idée d'avoir associé dans sa personne le beau et le gracieux à la bravoure et à la force excita, dit-on, l'admiration de ses contemporains, amis et ennemis.

C'est que, dans la guerre, le soldat japonais n'oublie point le respect et l'amour qu'il doit au beau et au délicat, à l'encontre du soldat allemand, que sa force brutale pousse simplement à tout détruire jusqu'aux précieux monuments d'art. Ce nom de Ume qui évoque la légende des Kajiwara a donc une signification qu'il est bon de souligner.

L'autre contre-torpilleur Kusunoki tire son nom de ce grand Kusunoki Masashige, dont le dévouement à la cause Impériale est si célèbre dans l'histoire du Japon.

Il y a bien longtemps, c'était au 14ᵉ siècle, l'Empereur Godaigo, attaqué par le rebelle Hôjô Takatoki, dut s'enfuir sur le mont Kasagi, d'où il lança un édit invitant tous ses sujets de bonne volonté à venir se ranger sous sa bannière; mais son appel ne paraissait avoir été écouté par personne, lorsqu'un seul homme du nom de Kusunoki Masashige courut offrir loyalement ses services à l'infortuné monarque.

Voici comment on raconte la légende de l'apparition de ce secours inespéré:

Une nuit, l'Empereur en détresse eut un songe mystérieux, dans lequel il vit, au sud (南) de son palais Shishiiden, un grand arbre (木), au pied et à l'ombre duquel un siège était installé. Là deux enfants vinrent, les larmes aux yeux et dans une attitude humble, faire entendre à l'Empereur les paroles qui suivent:

"Sire, ce vaste Empire qui est à Votre Majesté n'a plus de place pour elle ! C'est donc à elle que nous réservons ce trône que nous avons mis là. Que Votre Majesté daigne venir s'y reposer tout à son aise." Puis les deux enfants disparurent.

Frappé d'étonnement à cause de ce songe merveilleux, l'Empereur chercha à l'interpréter et en trouva une explication dans la combinaison des deux caractères idéographiques 木 arbre et 南 sud, qui, réunis ensemble, peuvent composer le caractère suivant : 楠 qui se lit Kusunoki et signifie le camphrier.

—"C'est par le secours d'un nommé Kusunoki qui habite le voisinage que Nous serons donc sauvés ?" pensa l'Empereur. Aussitôt il interrogea le bonze du temple de la montagne au sujet de l'existence d'un homme de ce nom et reçut une réponse lui affirmant qu'il existait en effet à l'ouest du mont Kongô un nommé Kusunoki Masashige.—"Celui-ci est né, expliqua le bonze, de deux époux qui, après être longtemps restés sans enfants, ont enfin obtenu ce fils à force de prier le génie du mont Shiki. Son nom d'enfance était Tamon. Avec l'âge, il est devenu habile à manier les armes et il a été élevé au grade de *Hyoe no-suke* en récompense des services rendus par lui dans la répression d'une révolte de paysans."—

A ce rapport circonstancié du prêtre, l'Empereur fut convaincu qu'il s'agissait là précisément du personnage allégorique et députa son Grand Chambellan Fujiwara Fujifusa, porteur d'un message Impérial, qui chargeait Kusunoki-Masashige de la mission de châtier le rebelle : il lui donnait le plein pouvoir à cet effet.

Masashige, touché de la faveur insigne de l'Empereur, se rendit aussitôt auprès de lui et, dans une longue conférence, il lui exposa son plan de campagne, qui fut pleinement approuvé par le monarque. Depuis lors, entièrement voué à la cause Impériale et faisant preuve d'une fidélité sans pareille, il fut grâce à ses habiles stratagèmes si victorieux partout au mont Kasagi comme au mont Kongô, qu'il parvint à réduire l'ennemi à l'impuissance et à restaurer le pouvoir Impérial. Plus tard, lorsque surgit un autre rebelle, Ashikaga-Takauji, il fut de même vaincu par Masashige. Mais après une courte retraite dans la région d'Ouest, il réapparut à la tête d'une troupe considérablement renforcée et beaucoup plus nombreuse que précédemment. Il marchait sur la capitale Impériale de Kyoto, quand Masashige crut devoir l'arrêter en chemin et alla à sa rencontre jusqu'à la rivière de Minato près de Kobe. Un combat décisif s'engagea et aboutit à la défaite de l'armée Impériale, qui fut accablée par l'ennemi numériquement supérieur. A bout de ressources, Masashige et son frère Masasuye se transpercèrent l'un l'autre de leur épée pour ne pas survivre à la honte d'avoir été vaincus. La dernière parole de Masashige fut la suivante : "Ah ! Puisse je renaître sept fois pour anéantir les traîtres !" C'est par cette parole émouvante, transmise de génération en génération et devenue très populaire, qu'il a terminé sa glorieuse carrière de dévouement et de sacrifices, qui lui a valu sa déification après sa mort, le temple de Minatogawa ayant été dédié à sa mémoire.

Ce héros, modèle des hommes de guerre, reste l'objet d'une grande admiration de la part de la nation japonaise.

Voilà l'origine du nom de Kusunoki donné à l'un des deux contre-torpilleurs.

Les deux contre-torpilleurs japonais dont les noms tirent leur origine de la chevalerie japonaise figurent dans la flotte qui a été chargée de la mission de châtier l'odieuse Allemagne. Leur présence dans les eaux européennes n'a-t-elle pas une signification remarquable, puisque ces deux bâtiments de guerre rappellent la loyauté du soldat japonais et la générosité de la nation japonaise ?

Il convient de noter ici que notre chantier Kawasaki travaille actuellement pour la marine française, afin d'ajouter à la force navale de la France. Je n'ai pas besoin de dire que nous faisons de notre mieux pour hâter l'achèvement de ces travaux de constration.

En terminant, je tiens à déclarer que la nation japonaise ne veut point de paix temporaire, mais qu'elle veut une paix telle qu'elle ne pourra s'obtenir que quand le coup de grâce aura été donné à l'Allemagne, ennemie commune du monde entier et que, dans ce but, elle est prête à s'acquitter de son mieux, envers les nations alliées, de toutes ses obligations résultant de la fidèle amitié qu'elle leur voue pour toujours.

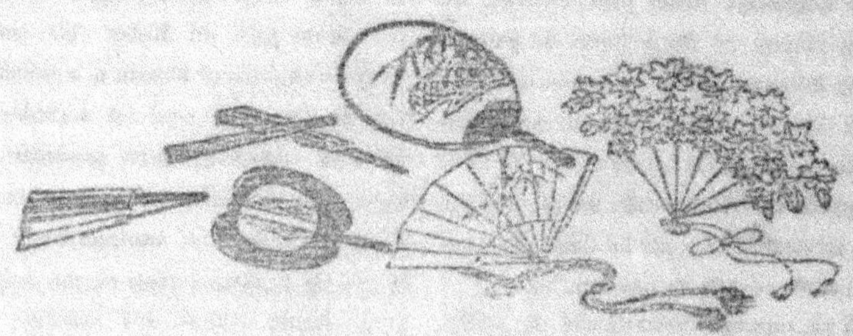

UN MOT AUX ALLIÉS

par le Baron SAKATANI

ex-Ministre des Finances, Délégué Impérial à la Conférence Economique
des Alliés à Paris

DÉSIGNÉ comme délégué du Gouvernement Impérial à la Conférence Economique des gouvernements des Etats alliés, tenue à Paris en juin 1916, j'ai quitté Tokyo le 1er Mai. Arrivé à Petrograd par la Corée, la Mandchourie et la Sibérie, j'ai gagné la Suède et, de Bergen, j'ai passé en Angleterre et de là à Paris.

Après la clôture de la Conférence, j'ai voyagé en France et visité ensuite les fronts français et italien du théâtre de la guerre. Ensuite j'ai passé en Suisse et, par l'Amérique je suis rentré au Japon le 3 novembre 1916.

Cette pérégrination m'a permis de constater de visu dans les pays de mon parcours les résultats des actes de barbarie inouïe, qui ont été commis par les Allemands et de recueillir à ce sujet des témoignages irréfutables. D'autre part, j'ai pu me réjouir du spectacle réconfortant que m'a offert la parfaite union, qui règne au sein de chacune des nations alliées, également animées d'un patriotisme ardent et d'une noble générosité.

Depuis mon retour au Japon jusqu'à ces jours-ci, j'ai déjà fait plus de 110 discours, par lesquels, en rendant compte de mes observations personnelles à mes compatriotes, je me suis efforcé de provoquer en faveur des alliés l'enthousiasme des Japonais et de porter ceux-ci à leur donner toutes les aides possibles. A cet effet, j'ai particulièrement cherché à faire comprendre clairement à tout le monde la véritable cause de la guerre actuelle et le but que l'on y poursuit, c'est-à-dire que la cause de cet horrible drame réside dans l'injuste provocation de l'Allemagne et de l'Autriche; que toutes les nations alliées qui combattent ces deux nations ennemies ont pour principal objectif d'assurer par leur victoire la conservation de la liberté et de la justice dans la société humaine et que, chez les alliés où les esprits sont unis par la même aspiration, on est prêt à consentir à tous les sacrifices nécessaires pour atteindre ce noble but. J'ai chaleureusement insisté sur ce fait que la nation japonaise ne devrait point, en cette occurence, hésiter à aller de l'avant et à faire des sacrifices pour sauvegarder la liberté, la justice, la civilisation et l'humanité dans le monde et pour manifester ainsi dans tout son éclat notre principe traditionnel du *Bushido*.

Je dois rappeler ici que l'an dernier, au mois d'août, à l'occasion du 2e anniversaire de l'ouverture des hostilités contre l'Allemagne, notre Auguste Maître, S.M. l'Empereur du Japon a adressé, en réponse à une lettre personnelle de S. M. le Roi de la Grande-Bretagne, une lettre par laquelle Il Lui affirmait qu'il avait la ferme résolution de continuer la guerre jusqu'à ce que la justice et la liberté fussent victorieusement défendues. Ce message Impérial, ainsi que la déclaration Impériale de guerre du mois d'août 1914 ne manifestent-ils pas suffisamment le motif et le but de la participation du Japon à cette guerre, en même temps qu'ils indiquent nettement dans quel sens toute la nation japonaise devrait diriger ses meilleurs efforts ?

La guerre dure déjà 3 ans sans que l'ennemi donne des signes visibles de faiblesse. Et les horreurs de la guerre ne font que s'accroître causant une dévastation par le feu, comparable, comme quelqu'un a eu raison de le dire, au déluge de Noé.

Le devoir s'impose donc aux peuples civilisés, amis de la justice et de la liberté, de s'évertuer davantage encore afin de sauver le monde de ce second déluge dans le plus bref délai.

C'est dans ce but que les Etats-Unis viennent de se lever pour se ranger du côté des Alliés. La noble décision de l'Amérique et son magnifique effort ont une valeur inappréciable qui mérite notre haute estime et notre profonde gratitude.

A ce propos, j'ai une observation sérieuse que je tiens à adresser aux dirigeants des Etats alliés : il s'agit de trouver un moyen de rendre plus efficace encore leur coopération avec l'Amérique. A mon avis ce moyen devrait consister à convoquer une conférence composée des délégués des nations alliées, délégués choisis parmi les personnages les plus influents et dignes de représenter ces nations. Cette conférence examinerait et combinerait les meilleurs moyens et les meilleures conditions pour rétablir la paix permanente et elle pourrait, j'en suis convaincu, mettre à exécution ces moyens par une parfaite coordination des 3 facteurs suivants :

1º les ressources financières des Etats-Unis ;

2º la capacité de fabrication des armes et des munitions de l'Angleterre et de la France ;

3º les forces militaires du Japon.

Si mon idée pouvait être adoptée et réalisée par les nations intéressées, de leur plein gré et d'un commun accord, on verrait alors surgir une arche de Noé,

qui, celle-là, sauverait le genre humain du déluge de feu et de sang.

De même que le retrait des eaux du Déluge était à souhaiter afin que la race humaine pût se multiplier et évoluer, il est à souhaiter aujourd'hui d'urgence qu'au prix même de n'importe quels sacrifices, la cessation de la guerre et le retour de la paix soient obtenus par un moyen puissant et d'une manière aussi prompte que complète.

Tel est le vœu le plus sincère de la nation japonaise !

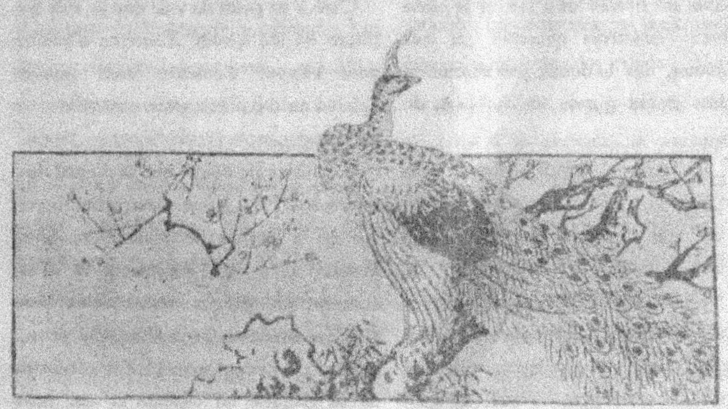

INFLUENCE DE LA GUERRE SUR L'INDUSTRIE ET LE COMMERCE DU JAPON

par BUEI NAKANO

Président du Conseil Municipal de Tokyo, ex-Président de la
Chambre de Commerce de Tokyo

DANS cette guerre, quels avantages directs le Japon a-t-il été en mesure de procurer à ses Alliés? Je n'en dirai rien ici, me bornant à faire remarquer en quel émoi un *Emden* les a mis et je laisse à penser l'embarras qu'aurait pu leur occasionner, dès le début, une abstention complète de la guerre de la part du Japon.

Or, le Japon a, effectivement et sans retard, participé à la guerre européenne.

Il est vrai toutefois que son action militaire est nulle sur le continent européen, où notre nation est représentée seulement par une poignée de volontaires venus du Canada et d'ailleurs, mais non pas par un contingent sérieux, ce qu'il nous est vraiment honteux de constater. Mais ce n'est pas la faute de notre pays; c'est sa situation géographique et tant d'autres difficultés qui ont voulu qu'il en ait été ainsi.

A cette question près, on doit reconnaître que le concours direct du Japon à ses Alliés n'est assurément pas à dédaigner.

C'est à ce point de vue que je vais me placer en ma qualité d'homme d'affaires pour essayer d'émettre mon humble opinion au sujet de la guerre actuelle et de ses conséquences économiques au Japon.

Il est hors de doute que la bonne fortune a souri au Japon dans cette guerre, qui lui a permis de réaliser un profit inespéré pour son commerce et d'accomplir un progès remarquable dans diverses branches de son activité économique. Un accroissement extraordinaire de sa richesse en espèces et une prospérité financière sans précédent dans le pays est aussi un fait indubitable.

Mais cette faveur du Destin ne devrait point être attribuée à des recherches égoistes de gain de la part des intéressés, mais à la conséquence naturelle de sa position géographique spécialement avantageuse.

Il me semble donc que l'on ne raisonne pas tout à fait juste, quand on reproche au Japon, comme le font certaines gens, de perdre de vue les auteurs indirects de sa prospérité actuelle et de ne pas faire assez d'efforts en faveur de ces bienfaiteurs. Je dois à ce propos faire observer que, si le Japon a pu tirer du profit de la guerre, ce qui est certain, il n'a pas été sans y faire des sacrifices. D'ailleurs son commerce qui l'enrichit, ne peut que profiter indirectement à ses Alliés, qui peuvent ainsi trouver au Japon des fournitures militaires et autres, ainsi que des moyens auxiliaires de transports maritimes. Les services ainsi rendus par nous à nos Alliés sont donc loin d'être négligeables.

En somme, tout profit commercial que fait le Japon dans la circonstance actuelle, profite également à ses Alliés, cette réciprocité faisant, comme l'on dit, d'une pierre deux coups. On peut même dire que le degré de la prospérité économique du Japon, sert à établir en quelque sorte la mesure de l'assistance qu'il donne à ses Alliés.

Je voudrais enfin persuader à nos Alliés que nos commerçants et nos industriels en usent toujours loyalement avec eux, sans jamais perdre de vue qu'ils ont affaire à des amis et sans jamais chercher de profit illicite et exorbitant dans leurs transactions commerciales avec eux. Nos Alliés en trouveront une preuve certaine dans ce fait que nous ne leur vendons certainement pas les diverses fournitures manufacturées plus cher que ne le font les autres pays vendeurs, et cela, malgré un enchérissement anormal des matières premières devenues rares, malgré une hausse du taux d'intérêt, sans pareille ni en Europe, ni en Amérique.

La guerre a donné naissance chez nous à une foule de nouvelles entreprises industrielles, dont bon nombre ont été créées dans le but temporaire et aléatoire de satisfaire les demandes qui pourraient leur être adressées par les Alliés. Plusieurs de ces dernières, une fois inaugurées, ont eu peine à se soutenir, ne pouvant faire face à des commandes urgentes et sans bénéfice et ont nécessité, afin de pouvoir continuer de fonctionner, une intervention et des encouragements de la part du gouvernement, qui a dû faire appel à cet effet au patriotisme éclairé de certains capitalistes puissants, pleins de bonne volonté. Naturellement, cette sorte d'industries est condamnée à disparaître avec la guerre. Avant même la fin de la guerre, leurs entrepreneurs ne seront pas en état de recouvrir le capital qui a été placé dans certaines d'entre elles.

Il est de toute évidence que les entrepreneurs de ces industries de guerre ont eu pour but le lucre. Mais ce mobile d'intérêt mercantile ne doit pas exclure l'utilité opportune de leurs entreprises, susceptibles de rendre service aux Alliés.

A part cette question, remarquons que récemment l'Amérique et la Chine se sont rangées du côté des Alliés, mais qu'elles sont venues les rejoindre après le Japon, qui est fier d'être la première nation extra-européenne qui ait participé, dès le début, à la guerre et de ne pas se départir de la ligne de conduite qu'elle s'est tracée pour poursuivre depuis 3 ans, et, jusqu'à la fin de la guerre, ses constants efforts contre l'ennemi commun.

Voilà ce dont je prie sincèrement nos Alliés de vouloir bien se souvenir dans leur appréciation de l'effort japonais.

LE JAPON ET LES MOTIFS DE SA PARTICIPATION À LA GUERRE

par TAKESHI INUKAI

Leader du Parti Kokumintô, Membre du Comité Diplomatique

QUEL est le rôle que joue le Japon parmi les nations de l'Entente? Quel est le but de l'Association formée en vue de venir au secours des militaires blessés et malades et des autres victimes de la guerre dans les Etats alliés? Et quelle marche cette Association a-t-elle eu à suivre pour aboutir au résultat qu'elle a obtenu?

Autant de questions auxquelles ont sans doute déjà répondu les autres collaborateurs de la publication projetée, de sorte que je me crois dispensé d'en parler ici moi-même.

Je vais donc traiter ci dessous un autre sujet, qui me semble convenir à moi qui ne suis qu'un homme politique libre.

Tout d'abord, j'ose avancer que les motifs de la participation du Japon à la guerre actuelle diffèrent complètement des motifs qui y font agir ses alliés. Et je tiens avant tout à leur faire comprendre cette différence qui s'énonce ainsi : lutte entre la démocratie et le despotisme, d'une part, et lutte pour l'humanité et la paix, d'autre part.

C'est que, si les Alliés se battent en vue du triomphe de la démocratie, les Japonais qui respectent le même idéal, résultat du progrès de la société humaine, veulent uniquement soutenir dans cette guerre les principes d'humanité et de paix qui ont découlé de cet idéal.

Point de doute que nos Alliés européens n'agissent dans le but de détruire l'absolutisme et le militarisme, qui menacent ces nations beaucoup plus qu'ils ne menacent le Japon isolé en Exrème Orient. Il s'agit en effet, pour elles, de défendre par là leur propre conservation. Leur intérêt dans la guerre n'est donc pas tout-à-fait le même que celui que nous défendons.

On dit cependant que les Alliés combattent en même temps au profit des principes d'humanité et de paix, mais c'est là, ce me semble, un argument déduit des conséquences, l'argument *post hoc, ergo propter hoc*, car il est certain qu'ils se battent surtout par la nécessité de leur propre défense.

Il n'en est pas ainsi du Japon : sa participation à la guerre n'a nullement été motivée par la nécessité de sa défense ou par un autre calcul égoïste, mais purement et simplement par amour des principes d'humanité et de paix.

En conséquence, je regrette pour notre pays que l'opinion prévale chez les dirigeants d'Europe et d'Amérique que le Japon s'est vu forcé de se lever par suite des obligations que lui a imposées son traité d'alliance conclu avec l'Angleterre. Et dire que certains milieux japonais même n'ont pas été préservés de cette idée erronée que l'on y soutient sérieusement et ouvertement ! Il est vrai que l'alliance anglo-japonaise a pu être pour quelque chose dans la participation du Japon à la guerre. Il se peut que les obligations de ce traité d'alliance soient invoquées ou même l'aient été pour la forme. Mais cela n'empêche que ce soit une grave erreur que d'y attribuer uniquement la cause de sa participation à la guerre. Quel est donc l'article du traité d'alliance anglo-japonais qui oblige le Japon à prendre part à une guerre ayant pour théâtre le continent européen ou à envoyer dans la Méditerranée une partie de sa force navale ? C'est donc absurde de prétendre que sa participation continue a lieu en vertu de ce traité, puisqu'il est vraiment inadmissible de considérer cette participation comme une conséquence naturelle d'un traité.

Il y a des cas dans la vie où l'on agit librement, sans que l'on y soit obligé par son devoir et sous le seul mobile de son intérêt personnel. Cela n'est pas non plus le cas du Japon participant à la guerre européenne, puisque l'on doit convenir volontiers que, vu sa situation géographique, il n'a pas à craindre autant que d'autres nations, les menaces de l'Allemagne agressive et de ses armements.

C'est pourquoi je ne puis m'empêcher de demander aux dirigeants dans les Etats alliés de vouloir bien reconnaître l'existence d'une différence complète entre le Japon et ses Alliés dans les conditions de leur participation à la guerre et apprécier loyalement la conduite toute désintéressée du Japon dans cette guerre.

Dès l'ouverture de la guerre actuelle, je n'ai pas toujours partagé les vues de nos gouvernants touchant certaines graves questions d'Etat. Je n'ai pas été par exemple sans déplorer la faillite de notre diplomatie, grâce à laquelle le Japon qui, bien qu'ayant adopté volontairement la cause des Alliés sans nulle obligation résultant d'un traité, mais seulement sous l'impulsion de ses sentiments élevés, avait vu une restriction apportée à sa sphère d'action navale.

Quoi qu'il en soit, du moment que le Japon s'est lancé dans l'arène, il ne reculera plus et ne cessera de concourir au but avant d'avoir vu terrasser l'ennemi commun : il continuera cette lutte, et poursuivra le noble idéal, fermement décidé à respecter toujours le pacte international et à accepter d'avance toutes les épreuves et tous les sacrifices qu'il aura à supporter à cet effet. C'est que la participation du Japon une fois décidée, tous nos hommes politiques ont accepté le fait accompli, de sorte que pas un d'entre eux ne s'est opposé à l'extension de notre activité navale, ni à l'envoi à l'étranger de fournitures de guerre prises dans l'approvisionnement de notre armée.

Personne ne peut donc nier que l'attitude du Japon, en tant que l'un des Alliés, n'a rien laissé et ne laisse rien à désirer.

Dans ces conditions, il est vraiment dommage que les journaux d'Europe et d'Amérique, ne paraissant pas satisfaits de nos efforts en faveur de nos Alliés, nous le fassent souvent entendre comme si nous n'avions pas encore fait tout ce que nous aurions dû. Quelles charges lourdes devrions-nous supporter encore ?

Dernièrement, dans une entrevue que j'eus avec un Français influent, qui était venu au Japon, chargé d'une mission que je puis définir "d'entrée en relations directes de peuple à peuple," je n'ai pas manqué d'insister fort sur les considérations exposées ci-dessus et de lui expliquer que nulle autre nation, qui n'a pas plus d'intérêts que nous en Europe, n'aurait fait autant que le Japon a fait pour l'Europe dans cette terrible guerre ; que sans intérêt particulier, ni obligations inéluctables, le Japon s'est cependant engagé dans cette guerre, consentant d'avance aux sacrifices qu'elle réclame et ne s'attendant pas à d'autres satisfactions qu'à celle de travailler à la poursuite de son idéal et qu'enfin il fait aujourd'hui tout ce qu'il est en son pouvoir de faire.

LE VICTOIRE CERTAINE

par le Vicomte TAKAAKI KATO

ex Ministre des Affaires Etrangères, ex-Ambassadeur du Japon à Londres,
Membre de la Chambre des Pairs, Leader du Parti Kenseikwai

DEPUIS plus de 3 ans que dure la guerre européenne, nos chers et braves Alliés combattent courageusement notre ennemi avec un effort constant qui jamais ne s'est relâché. Ils approchent ainsi pas à pas de leur triomphe, ce dont nous ne saurions trop les remercier.

On sait que l'Empire du Japon, entré dans l'Entente, collabore effectivement avec nos Alliés à l'œuvre commune, en vue de laquelle il n'a pas, dès le début, manqué de leur fournir son appui militaire et naval, sans négliger aucun des autres moyens d'assistance qui sont en son pouvoir. Aussi l'aide du Japon a-t-elle été déjà réalisée de la manière qui suit : attaque et prise de Tsingtau, occupation des possessions allemandes du Sud, opérations navales dans le Pacifique et dans l'Océan Indien et jusque dans la Méditerranée, envoi aux Alliés de fournitures militaires, avances de fonds, etc.

Tous ces efforts n'ont cependant été entrepris que par l'Etat ou par des capitalistes ou manufacturiers. Le peuple lui-même n'avait pas eu l'occasion de donner un témoignage spécial et public de ses sentiments hostiles contre notre ennemi, en même temps que ses sentiments de sympathie et de gratitude qu'il a pour nos alliés et amis. En vérité, toute la nation est pénétrée de ces sentiments sincères envers les Alliés qui ont déjà sacrifié tant de vies et de propriétés pour la défense de la justice et du droit et qui continueront ces sacrifices méritoires jusqu'à ce qu'ils aient préparé une paix permanente.

Enfin, non contente d'avoir envoyé en Angleterre, en France et en Russie une mission sanitaire de la Croix-Rouge, la nation a voulu, comme moyen pratique de manifester librement ses sentiments intimes à l'endroit des Alliés, que l'on recueillit dans tout l'Empire des souscriptions destinées à constituer un fonds de secours à envoyer aux Etats alliés. Ce fonds déjà constitué va être réparti, sous forme de dons, entre les Puissances européennes de l'Entente.

Ces dons qui, bien que fort modiques, suffisent néanmoins à traduire les sentiments qui les ont provoqués, seront, j'espère, acceptés avec plaisir par les destinataires.

Je profite de cette occasion pour former mes vœux personnels pour que, grâce à leur lutte soutenue toujours avec plus de vigueur, nos Alliés remportent le plus tôt possible une victoire finale, victoire du droit et de la justice. En même temps, je veux affirmer ici que la nation japonaise ne sera jamais avare, pour coopérer au noble but commun, dans la dépense de tous les efforts dont elle sera capable.

LE JAPON ET LA GUERRE

par TAKASHI HARA

Leader du Parti Seiyu Kwai et Membre du Comité Diplomatique

LA guerre européenne se trouve présentement au plus fort de son intensité : elle n'a pas sa pareille dans le passé par l'étendue de son front de bataille et par le nombre des combattants qui y sont engagés.

Immense est la tâche de nos Alliés, dont la guerre a mis l'existence en jeu et qui doivent poursuivre les hostilités au prix d'énormes sacrifices !

Notre Empire, éloigné du théâtre de la guerre, ne compte pas moins parmi les Etats belligérants, ce qui fait qu'il partage pleinement tous les maux et toutes les souffrances de ses amis lointains.

Aussi "l'Association de Secours aux Militaires blessés et malades ainsi qu'aux autres victimes de la guerre, dans les Etats alliés," ayant été constituée par l'initiative privée d'un mouvement de sympathie effective, l'élan de générosité une fois donné, a-t-elle aussitôt provoqué une multitude de donateurs, qui se sont empressés de souscrire pour le fonds de secours demandé.

Les souscriptions ainsi recueillies ont produit environ deux millions de yen, qui seront incessamment répartis entre les Etats intéressés par l'intermédiaire de nos chefs de mission diplomatique, accrédités dans ces Etats.

Nous qui sommes honteux de la modicité du don à présenter, serions cependant très flattés, si les destinataires de ce don voulaient bien y voir seulement un témoignage spontané de sympathie cordiale de notre nation.

Il me reste à exprimer mes vœux pour que nos Alliés, soutenus d'un courage indomptable, continuent toujours de travailler vaillamment à l'accomplissement de notre but final, tandis que notre nation donnera toute la mesure de ses forces pour les y assister d'un appui efficace.

NOTRE SYMPATHIE POUR LES ALLIÉS

par IKUZO O-OKA

Président de la Chambre des Représentants, ex-Ministre de l'Instruction Publique

LA politique étrangère du Japon a toujours eu pour but de maintenir de bonnes relations avec toutes les autres nations et d'assurer le progrès pacifique de la civilisation en Extrême-Orient.

S'il eut à soutenir une guerre soit contre la Chine, soit contre la Russie, il n'échappe sans doute pas à la perspicacité des clairvoyants que le Japon, rejetant tout dessein ambitieux de conquêtes, n'a jamais eu d'autre but que celui de sa propre défense et de la sauvegarde de la paix.

Sa participation à la guerre européenne aussi n'a été qu'une conséquence de son respect du traité d'alliance et de sa politique nationale.

A la vue de cette guerre atroce qui désole le monde depuis 3 ans, ne faisant qu'étendre et augmenter ses ravages, le Japon qui en suit avec émotion les péripéties, ne peut vraiment pas rester indifférent aux souffrances de ses Alliés.

En conséquence la Diète Impériale, dans sa session du mois ne janvier 1917, a témoigné la haute estime et la cordiale sympathie de la nation japonaise pour l'admirable vaillance des Alliés et pour leurs héroïques sacrifices.

A la suite de cette manifestation publique, des souscriptions nationales ont été réunies pour porter secours, quoique dans une faible mesure, aux militaires blessés et malades et aux autres victimes de la guerre dans les Etats alliés.

La somme recueillie est très modeste. Mais elle est précieuse dans ce sens qu'elle provient d'un mouvement spontané du cœur et qu'elle est une cristallisation des sentiments qui animent toute la nation.

Nous espérons qu'il ne sera pas désagréable aux Alliés d'accepter ce don dans ces conditions.

Nous sommes convaincus que les Etats alliés, dont la politique extérieure ne diffère pas de la nôtre, arriveront à restaurer la paix universelle qui est le but final de la présente guerre.

Un mot du Comité Exécutif

au sujet de l'œuvre du fonds de secours recueilli pour
les Etats alliés

La guerre européenne vient d'entrer dans sa 4e année de durée. L'épouvantable tourmente qu'elle a déchaînée n'a fait que prendre des proportions grandissantes pour devenir enfin universelle, de telle sorte que, dans les deux hémisphères, il n'y a presque plus d'Etats qui, disposant de forces militaires, n'aient pas pris part à la lutte générale.

Le Japon, qui est isolé en Extrème-Orient, loin du théâtre de la guerre, où se joue la destinée des nations, s'est levé pour la défense de la justice et de l'humanité et a pris place dans le rang des Alliés: Angleterre, France, Russie, etc., en vue de battre l'ennemi commun et de remporter la victoire qui est la fin dernière de leur coopération actuelle.

C'est ainsi que, dès le début de sa participation à la guerre, le Japon a mobilisé une partie de ses forces militaires, qu'il a fait agir dans les limites d'action qui, au point de vue géographique, devaient naturellement lui revenir. L'armée expéditionnaire japonaise s'empara aussitôt de la forteresse de Tsingtau, base d'opération de l'ennemi et en fit capituler la garnison. La flotte Impériale donna la chasse à l'ennemi dans les mers et étendit de plus en plus sa sphère d'activité jusqu'à se charger à présent d'une mission aussi importante que pénible et qui est de nature à pouvoir influer sur la situation géuérale de la guerre même.

En conséquence, le Japon fait dans l'œuvre commune de coopération, tout ce qu'il est en mesure de faire. Il est regrettable que son sérieux effort reste méconnu, n'étant pas apprécié par ses alliés comme il devrait l'être, car, en raison de son éloignement géographique du centre des combats terrestres et par suite de son abstention de toute action militaire sur terre, il lui est impossible de donner une plus grande extension à l'activité de son armée. En effet, l'expédition de Tsingtau une fois terminée, l'armée Japonaise n'a plus eu à intervenir dans cette guerre. Cependant le Japon, conscient du devoir qui lui incombe comme l'un des alliés, n'a jamais oublié qu'il a un ennemi commun à combattre, et n'a jamais perdu de vue la part qui lui revient dans la coopération de l'Entente. Si le Japon avait été assez indifférent à la cause des Alliés pour prêter son oreille à des suggestions qui lui seraient venues par la seule considération de son propre intérêt, il aurait pu garder une attitude indifférente à un degré suffisant pour ne point s'exposer au reproche de trahir ses alliés et jouir d'une situation relativement tranquille sans s'engager davantage dans la complication internationale.

Mais il n'en a pas été ainsi, parce que la nation japonaise est une amie enthousiaste de la justice. La ligne de conduite qu'elle a adoptée vis-à-vis de ses alliés n'a jamais changé et ne changera jamais. La résolution de les aider utilement ne s'affirmant que davantage, elle leur a donné l'appui financier, que ses ressources actuellement disponibles lui ont permis; elle leur a procuré des armes, des munitions et autres fournitures de guerre; elle leur a envoyé une mission sanitaire de la Croix-Rouge, elle leur a offert des secours en argent et en nature pour les populations malheureuses des régions dévastées par la guerre; elle a adhéré aux mesures restrictives du commerce contre l'ennemi et conclu une convention interalliée. En somme, elle lutte comme elle peut pour la victoire des Alliés sans la moindre violation de la foi internationale de sa part.

Sous le rapport de la résolution courageuse pour la victoire finale et du vœu sincère qu'il a formé à cet effet, le Japon ne le cède nullement à aucun des Etats alliés.

Le fait est cependant que, vu la position géographique du pays, les maux dont la nation souffre directement par la guerre ne sont guère appréciables. Cela est un bonheur pour elle. Mais elle est trop chevaleresque pour abuser de son heureuse situation et se plonger dans un lâche sommeil, ce qui ne pourrait que lui répugner. Ayant donc fait ce qu'elle était en son pouvoir de faire, notre nation ne perd pas de vue la tâche pénible des alliés, qui continuent de combattre l'ennemi commun et elle pense au moyen pratique de leur témoigner de la gratitude et, en même temps, de contribuer au soulagement de leurs souffrances physiques, c'est dans ce but qu'a été organisée " l'Association formée en vue de porter secours aux militaires blessés et malades et aux autres victimes de la guerre."

Antérieurement à cette entreprise et dans diverses circonstances, on a vu soit des individus, soit des collectivités, réunir des souscriptions en faveur des alliés et leur envoyer des secours sous forme de dons. Mais c'étaient là des entreprises dont l'action a été circonscrite à un cercle restreint.

L'entreprise de l'Association précitée a cela de particulier qu'elle a un caractère général comme portée de son action, puisqu'elle s'est adressée aux sentiments généreux de la nation entière et qu'elle a pour objet l'ensemble des Alliés.

Etant données la brièveté du délai de clôture des souscriptions et autres difficultés, le montant du fonds obtenu n'est pas tel qu'on l'aurait souhaité, mais il ne laisse cependant pas d'être une expression cordiale des sentiments de sympathie nationale et d'avoir un prix particulier dans ce sens-là. Il semble donc qu'à la connaissance du caractère noble de notre don et de la faiblesse de nos ressources, jamais l'on ne puisse avoir l'idée injurieuse de nous soupçonner de manque de bonne volonté à l'endroit de nos alliés.

Disons en passant que cette guerre, quelque navrante qu'elle soit, doit absolument être poussée jusqu'au but final.

En adressant à nos Alliés des secours à titre de dons, nous avons cru devoir expliquer ici les motifs de notre entreprise et profiter de cette occasion pour montrer quelle est l'attitude prise par le Japon dans cette guerre.

La nation japonaise serait au comble de sa joie, si les Alliés auxquels s'adresse la présente publication, pouvaient être renseignés sur le véritable état d'âme des Japonais.

ACTIVITÉ MILITAIRE

A l'ouverture de la guerre européenne, le Japon avait d'abord voulu garder la neutralité, en se chargeant du maintien de la paix en Extrême-Orient. Sur ces entrefaites, l'Allemagne, qui avait provoqué en guerre l'Angleterre, alliée du Japon, prépara activement la défense de Tsingtau. L'escadre allemande commença à opérer dans les eaux de l'Asie orientale; menaçant non seulement le commerce de l'Alliée du Japon, mais aussi celui du Japon lui-même, ainsi que celui de toutes les autres nations, ses amies. La cessation de l'état de paix était donc imminente en Extrême-Orient. Dès lors, après une entente préalable avec l'Angleterre son alliée, le Japon se décida à prendre toutes les mesures nécessaires pour sauvegarder les avantages prévus dans le traité d'alliance. Comme suite de cette décision, le Japon met l'Allemagne en demeure d'accepter les 2 propositions suivantes :

1° Prompte évacuation de la flotte allemande des eaux japonaise et chinoise ou, en cas d'impossibilité d'évacuation, désarmement immédiat.

2° Transfert gratuit et sans condition au Japon de la concession allemande de Kiauchau avant le 14 septembre 1914 inclusivement dans le but de rétrocéder ultérieurement ce territoire tout entier à la Chine.

L'Allemagne fut invitée à répondre sans condition à cette demande avant le 23 août, à midi, 1914. A défaut de sa réponse à l'expiration de ce délai, le Japon devait se regarder comme libre d'agir comme il l'entendrait. Mais l'Allemagne méprisa la demande japonaise, qui resta sans réponse de sa part.

Dans cette circonstance, l'Empereur du Japon déclara la guerre à l'Allemagne le

23 août. Le 27 du même mois, le Japon fut avisé par le gouvernement autrichien de la rupture diplomatique entre les deux Etats.

Voilà notre pays lancé dans le tourbillon de la guerre européenne avec l'Angleterre, la France et la Russie contre l'ennemi commun : l'Allemagne et l'Autriche-Hongrie et, quoiqu'éloigné du centre de la guerre, il a dû faire tous ses efforts pour combattre ces dernières.

Telle est la cause de la guerre germano-japonaise.

Depuis lors, le Japon ne cesse de travailler directement ou indirectement, positivement ou négativement, sans regarder aux sacrifices que son action peut entraîner, afin d'atteindre le but de cette guerre et de contribuer à la victoire finale des Alliés.

Dès la rupture des relations diplomatiques avec l'Allemagne le 23 août après midi, l'armée et la marine japonaise se mirent immédiatement en campagne suivant un plan adopté : la 2e escadre commandée par le Vice-Amiral Kato se dirigea sur la baie de Kiaochau et en proclama le blocus le 27 du même mois.

Le 2 septembre, la 18e Division commandée par le Général (alors lieutenant-général) Kan-o débarqua sur une côte de Shantoung. Le corps expéditionnaire en marche eut à se frayer un chemin par un temps de typhon violent en suivant une route rude et boueuse. Il allait mettre le siège devant la forteresse de Tsingtau. Depuis le premier contact qui eut lieu avec l'ennemi le 16 septembre à Tsimo, plusieurs dizaines de combats furent livrés à divers endroits, jusqu'à ce qu'un assaut général fut donné le 5 novembre à la forteresse de Tsingtau, qui était défendue par environ 6.000 hommes résolus. L'armée japonaise avait perdu jusqu'à cette date environ un millier d'hommes tués ou blessés.

Dès le 39 octobre, elle procéda à un mouvement préparatoire à l'assaut de la forteresse, agissant de concert avec un corps d'artillerie lourde de la marine placée sous les ordres du Capitaine de vaisseau (alors de frégate) Masaki et un corps de troupe anglaise commandé par le Major général Bernardiston. Des combats furieux furent livrés aux abords de la place et coûtèrent aux assiégeants japonais 440 tués ou blessés pendant ces quelques derniers jours. Enfin le 7 novembre la place se rendit avec 3906 hommes valides et 436 blessés et malades en traitement à l'hôpital. Le Major général Meyer-Waldeck était à leur tête. Les bâtiments de guerre allemands qui se trouvaient en rade de Tsingtau furent détruits.

Ainsi la base d'opération des Allemands fut anéantie avec leurs moyens d'action en Asie Orientale.

Tous les prisonniers de guerre, en état de voyager, furent transportés au Japon, où ils ont été répartis entre les différentes villes : Tokyo, Nagoya, Fukuoka, Matsuyama, Marugame, Himeji, Osaka, Kumamoto et Tokushima.

Ayant débarrassé l'Extrême-Orient des troupes de terre ennemies, l'armée japonaise n'avait pas fini sa mission. Elle eut encore maintes obligations à remplir. Elle eut notamment à partager avec des Alliés ce qu'elle avait de meilleur en fait d'armes, de munitions et autres fournitures de guerre et à détacher à l'un des Etats alliés un certain nombre d'officiers et de soldats d'artillerie, chargés à montrer le maniement de nouvelles bouches à feu.

ACTIVITÉ NAVALE

La première opération, à laquelle la marine japonaise eût à procéder, fut le blocus de la baie de Kiauchau, lequel dura 2 mois.

Les escadres japonaises coopérèrent avec les troupes de terre anglo-japonaises à la prise de la place et détruisirent la flotte ennemie.

La majeure partie de cette opération appartint à la 2e escadre, qui y fut directement ou indirectement secondée par la 1re escadre placée sous le commandement de l'Amiral Kato (ministre actuel de la Marine). La 3e escadre protégea les routes commerciales au nord du Détroit de Malacca avec une partie des forces navales anglaise, française et russe.

Après la chute de Tsingtau à la suite de laquelle les mers de l'Extrême-Orient furent pacifiées, la marine japonaise a dû étendre sa police beaucoup plus au sud, sur les côtes de l'Indochine Française et, par le Détroit de Malacca, jusqu'à l'Océan

Indien. Une autre escadre japonaise, chargée d'une mission spéciale dans les mers du Sud, avait été détachée jusqu'à Singapour dès le début de la guerre. Elle opéra, avec les navires de guerre anglais, français et russe, à la recherche de l'*Emden*. Elle aida les navires de guerre anglais à convoyer de la Nouvelle Zélande à Aden une flotte marchande transportant en Europe des troupes australiennes.

Deux autres escadres expéditionnaires du Sud furent mises en campagne.

La première de ces escadres japonaises alla à la poursuite du gros de la flotte allemande aux îles Carolines et Marshall et occupa ces archipels. Elle aida des navires de guerre Français et Australiens à exercer leur police dans le Sud Est du Pacifique.

La 2e escadre expéditionnaire du Sud se transporta aussi aux îles Carolines tant pour assurer la sécurité des routes d'Australie que pour découvrir l'ennemi et aida la première escadre à occuper cet archipel.

Une 3e escadre qui avait été envoyée en Amérique coopérer, avec des navires de guerre anglais et canadiens, pour la police et la protection du commerce, dans le Pacifique depuis les côtes ouest du Canada jusqu'à l'Amérique centrale. Plus tard, lorsque des navires de guerre australiens vinrent, renforcer la flotte combinée, l'escadre japonaise étendit son champ d'action jusque sur les côtes du Pérou.

Les 1re et 2e escadres expéditionnaires du Sud précitées, ayant concerté leur action, réussirent à occuper toutes les possessions ennemies situées au nord de l'équateur et, ensuite avec l'aide de navires de guerre australiens et français, la totalité des possessions ennemies au sud de l'équateur. La flotte ennemie ainsi privée de sa base d'opérations et chassée vers l'Amérique du Sud, fut refoulée de plus en plus au Sud par une flotte combinée de notre escadre d'Amérique ainsi que de navires de guerre anglais, canadiens et australiens. Enfin dans la bataille aux îles Malouines, la flotte ennemie fut anéantie par la flotte anglaise et le Pacifique, délivré à jamais des incursions de pirates germaniques.

Mais la mission de la marine japonaise n'était pas encore terminée. Il lui était réservé de soumettre à l'épreuve la loyauté et la bravoure de nos marins plus près du centre de la guerre européenne dans les eaux méditerranéennes, car les sous marins allemands, par leur redoublement d'activité malfaisante, y ont rendu la navigation de plus en plus dangereuse, gênant ainsi, toujours davantage les Alliés pour les transports d'hommes et de matériels. Ils avaient déjà coulé une dizaine de nos navires de commerce.

A la suite d'un échange de vues avec la marine britannique et vu la nécessité, que nous avons reconnue, de protéger nous-mêmes nos navires de commerce dans la Méditerranée, la marine japonaise y détacha une force navale respectable sous le commandement du Contre-Amiral Sato.

On se rappelle que dernièrement la flotille de contre-torpilleurs, faisant partie de cette force navale, se couvrit de gloire au sauvetage du transport anglais "Transylvania" coulé par un sous-marin allemand. On sait qu'alors le contre-torpilleur "Sakaki" fut coulé par un sous-marin après un combat héroïque. En reconnaissance des services signalés rendus à cette occasion par nos contre-torpilleurs, le Souverain anglais daigna décorer solennellement nos officiers méritants de distinctions honorifiques exceptionnelles.

Voilà en résumé le rôle principal joué par la marine japonaise dans la guerre actuelle.

On peut encore citer d'autres exemples des services qu'elle a pu rendre aux Alliés : répression d'une révolte à Singapour par une compagnie de débarquement; transport d'objets de grande valeur pour les Alliés ; convoiement de paquebots chargés d'armes et de munitions ; surveillance des navires de guerre ennemis réfugiés dans des ports neutres.

Il est hors de doute qu'animée d'une sincère sympathie et par pure générosité, la marine japonaise n'a rien négligé et ne néglige rien de tout ce qu'il lui appartient de faire pour la cause des Alliés.

Il ne faut pas passer sous silence qu'à la nouvelle de l'apparition d'un navire de guerre ennemi, sur les côtes de la Colombie anglaise, Canada, la marine japonaise y dirigea immédiatement le croiseur Izumo et que, lors du transport en Europe des troupes australiennes, elle détacha le cuirassé d'escadre Ibuki pour convoyer les navires qui les transportaient. Ce sont là autant d'actes que l'on n'aurait pas accomplis, si l'on n'avait pas été respectueux de la foi internationale.

On a vu ci-dessus que la marine japonaise a fini par étendre considérablement sa sphère d'action, du Pacifique et de l'Océan Indien à la Méditerranée. Les distances parcourues par ses navires couvrent au moins environ 700.000 milles nautiques. La flotte tout entière a été mise en campagne avec l'effectif presque total des marins : 57.000 hommes.

ASSISTANCES FINANCIÈRE ET AUTRES.

En dehors des appuis militaire et naval qu'il a donnés à ses Alliés, le Japon leur a rendu d'autres services encore, comme on le sait, par exemple : rétrocession à la Russie des cuirassés Sagami et Tango et du croiseur Soya ; cession à l'Italie du contre-torpilleur Kôfu qui était en construction en Angleterre et cession à la France d'un sous-marin, qui y était en construction pour le compte du gouvernement japonais.

Le Japon a mis aussi à la disposition de ses Alliés une importante quantité de munitions et d'autres fournitures de guerre. Ses industriels et ses commerçants ont accepté les commandes des Etats Alliés à des conditions aussi avantageuses que possible pour ceux-ci.

Les banquiers et les capitalistes se sont efforcés, d'accord avec le gouvernement, de procurer une assistance financière aux Alliés tant pour le payement de leurs commandes de fournitures de guerre au Japon que pour d'autres besoins. C'est ainsi que le Japon put réaliser avec succès l'émission des emprunts suivants : bons du Trésor russes : 50.000.000 yen en février, 1916, et 70.000.000 yen en septembre, 1916 ; obligations d'Etat françaises : 50.000.000 yen, en juin 1917.

Nos capitalistes ont souscrit volontiers pour les obligations des Etats alliés, qui ont été émises chez eux et mises ensuite en vente au Japon par des établissements financiers, tels que la maison Sale et Frazar, la Banque Russo-Asiatique, etc, pour une somme totale sans doute plus importante, que l'on ne le croirait, mais qu'il est impossible de préciser, la statistique manquant à ce sujet.

Il importe de faire remarquer que le Japon qui hier encore était purement débiteur et où le taux d'intérêt est des plus élevés, a su néanmoins conduire son assistance financière aussi bien que les circonstances locales le lui permettaient.

Il est à peine nécessaire de rappeler ici que la société japonaise de la Croix-Rouge avait envoyé en Angleterre, en France et en Russie une mission d'assistance sanitaire, composée d'un personnel de choix (médecins et infirmières) et que, pendant toute sa durée, courte il est vrai, cette mission a rempli sa tâche avec zèle et dévouement à la satisfaction de tous ceux que son travail a pu intéresser.

En un mot, le Japon, animé d'une sincère sympathie pour les Alliés, l'a déjà suffisamment prouvée par sa conduite à leur égard.

Il tient cependant à la prouver encore et d'une autre manière, en adressant des secours sous forme de dons à ses amis lointains qui souffrent des maux de guerre.

Le présent compte rendu donne un aperçu général de l'effort japonais dans cette guerre. Espérons qu'il suffira pour faire concevoir une idée exacte des sentiments nationaux qui ont provoqué des souscriptions pour le fonds de secours.

1. Rue du Nihombashi à Tokyo   2. Port de Yokohama   3. Port de Kobé
4. Port d'Osaka   5. Château de Nagoya

Vues de quelques lieux célèbres du Japon

1. Palais Impérial à Kyôto   2. Porte Yômei à Nikko
3. Avenue de cryptomeria, temple de Kasuga   4. Miyajima   5. Matsushima

Vues de quelques lieux célèbres du Japon

NOTE EXPLICATIVE DES ILLUSTRATIONS

PONT DE CHEMIN DE FER SUR LE YALOU

Le fleuve Yalou, séparant la Corée de la Mandchourie, rappelle les combats qui furent livrés sur les deux bords pendant la guerre sino-japonaise et la guerre russo-japonaise. Un pont à bascule que les ingénieurs japonais ont jeté sur ce fleuve, relie aujourd'hui les deux contrées riveraines.

PLANTATIONS DE CANNES À SUCRE À FORMOSE

Ces plantations immenses, de même que la grande forêt d'Alishan, constituent l'un des deux plus beaux spectacles de Formose. La culture de la canne à sucre, qui était pratiquée dans cette île depuis un temps très ancien, y a pris, sous notre régime colonial, une extension si remarquable qu'elle a donné naissance à l'industrie sucrière devenue aujourd'hui la plus importante et la plus productive des industries locales.

RUE DU NIHOMBASHI À TOKYO

Le Nihombashi ou pont du Japon, situé au centre de la ville, est le point de départ des distances mesurées dans toutes les directions. La rue qui le traverse et qui porte son nom, est bitumée à l'occidentale. Un grand nombre des bâtiments qui bordent cette rue sont de style moderne. C'est la grande artère de la capitale.

PORT DE YOKOHAMA

Yokohama, qui n'était au commencement de Meiji qu'un pauvre village de pêcheurs, ayant été ouvert au trafic international, s'est vite transformé en une ville très commerçante. La rade est constamment remplie de navires de tous les pavillons.

Yokohama est actuellement un grand port ; et peut-être le mieux aménagé de l'Extrême-Orient.

PORT DE KOBE

La ville de Kobe est, avec Yokohama, l'un des deux ports les plus commerçants du Japon. Elle a pris depuis quelques années une importance extraordinaire comme centre des transports maritimes. Les environs de la ville ne manquent pas de beaux sites. Le paysage représenté sous le présent titre, est une vue prise de la colline Suwa, à laquelle la ville est adossée.

PORT D'OSAKA

La vue montre une partie du nouveau port en construction. Les travaux de construction de ce port, qui ont exigé une dépense considérable et un temps très long, seront prochainement achevés. Le port, dès qu'il sera complètement aménagé, augmentera la prospérité de la ville d'Osaka, centre du commerce et de l'industrie au Japon.

CHÂTEAU DE NAGOYA

Ce château-fort que le shôgunat Tokugawa fit construire par 26 daimyo, ses vassaux, les mettant à contribution pour subvenir aux dépenses des travaux, est flanqué d'un donjon à 5 étages, qui est surmonté de dauphins gladiateurs recouverts d'écailles d'or et mesurant 8 pieds d'élévation. La construction de ce donjon représente la part des travaux, qui fut attribuée au célèbre capitaine Katô-Kiyomasa.

PALAIS IMPÉRIAL À KYÔTO

Ce palais avait servi de résidence à la famille Impériale jusqu'à la Restauration Impériale, qui eut lieu en 1868. Il est situé au centre de l'ancienne capitale. L'édifice est de style antique et le jardin d'une beauté sévère. C'est dans ce palais qu'a eu lieu le couronnement de S.M. l'Empereur actuellement régnant.

PORTE YOMEI A NIKKO

De toutes les œuvres d'architecture qui enrichissent le mausolée élevé à Nikko à la mémoire d'Ieyasu, premier shôgun Tokugawa et dont l'ensemble forme comme une réduction des œuvres de l'art japonais, la porte Yomei dont la construction a été très coûteuse et dont la richesse est sans pareille au Japon, est le résultat de la combinaison la plus ingénieuse d'efforts de nos artistes. Faisons savoir en passant que le beau lac de Chusenji n'est pas loin de la ville de Nikkô.

AVENUE DE CRYPTOMERIA, TEMPLE DE KASUGA

Les collines qui entourent la ville de Nara ne sont pas boisées, mais couvertes d'un gazon d'un beau vert; elles présentent un aspect calme et paisible, qui repose la vue. Le temple, situé au milieu d'imposants cryptomeria, qui en obscurcissent les environs, et précédé d'une double rangée de vieilles lanternes, inspire l'impression d'un sublime sacré. Derrière s'élève le célèbre mont Mikasa.

MIYAJIMA

Cette île est située dans un cadre enchanteur à une distance de 15 minutes, par chaloupe à vapeur, de la station de Miyajima sur la ligne San-yô qui longe la mer Intérieure. Le temple Itsukushima, qui s'élève au pied de l'île, prolonge une aile dans la mer si avant que les fondements de cette partie de l'édifice sont baignés par les eaux sur une longueur de 763 mètres et jusqu'à la hauteur du plancher mobile qui flotte à marée haute. Un *torii* émerge des flots, à une bonne distance du temple. La nuit, le temple éclairé avec des lanternes offre un coup d'œil féérique.

MATSUSHIMA

La baie calme de Shiogama, qui s'avance loin dans les terres, est parsemée d'innombrables ilôts, qui sont couverts de pins de formes fantastiques. Entre ces ilôts, des voiles blanches s'aperçoivent sur les eaux bleues pour compléter la beauté poétique du paysage.

EXPLICATION DES PEINTURES ORNANT LA COUVERTURE DE LA PRÉSENTE BROCHURE

QUICONQUE est familiarisé avec l'histoire des Beaux-arts sait que l'art d'imprimer en couleurs au moyen de planches de bois appartient en propre aux Japonais.

On peut cependant ignorer que chacune des diverses couleurs employées dans une peinture demande une impression séparée et faite à la main, que l'on doit répéter autant de fois qu'il y a de teintes différentes à faire ressortir.

Les ouvriers d'art japonais exécutent à merveille ce genre de travail à la main.

L'apparition au Japon des gravures sur bois remonte aux années de Hôki (770—780 A.D.), dans la période de Nara. Mais les estampes coloriées semblent dater de l'ère de Genna (1615—23 A.D.), où elles apparurent pour la première fois à Yedo, à l'époque des Tokugawa, il y a de cela environ 270 ans. Ces premières estampes, qui étaient coloriées, furent imprimées en noir d'abord et enluminées ensuite, avec le pinceau, en couleurs : rouge, bleue, jaune et verte.

Plus tard, le progrès de l'art a permis de substituer au coloriage avec le pinceau l'impression en couleurs telle qu'elle se pratique aujourd'hui : c'est la chromoxylographie.

Cette impression s'obtient, — nous l'avons dit,—par autant de planches qu'il y a de couleurs à employer.

Voici comment on procède à l'impression :

La couleur voulue une fois étendue sur la planche au moyen d'une brosse, on y applique une feuille de papier et l'on frotte dessus avec une presse appelée "baren," recouverte de feuilles imbriquées qui engainent les jeunes pousses de bambou. Voilà une planche de tirée à une couleur et l'on passe à une seconde planche ou couleur et ainsi de suite.

Ce procédé est donc autrement plus compliqué que le procédé de triple impression connue sous la désignation d'impression à trois couleurs. L'on conçoit bien que l'impression à la main doit exiger une adresse peu commune de la part de l'imprimeur, pour que chaque impression puisse être d'une précision impeccable.

Pour la confection des planches à gravure, c'est exclusivement le bois de cerisier que l'on choisit.

La peinture placée dans la partie supérieure de la couverture reproduit l'une des " cent vues du mont Fuji," vue féérique prise du golfe de Suruga par Hokusai.

La peinture qui orne la partie inférieure de la couverture est une reproduction, d'après l'original, d'une œuvre de Kôrin.

Ces deux reproductions de peintures ont nécessité 30 impressions qui correspondent aux moindres nuances qu'il a fallu marquer.

Le lecteur, qui aura lu cette explication, saura apprécier à sa juste valeur ce travail si fin, si délicat, qui a été exécuté par l'imprimerie de l'Institut *Shimbi shoin*, qui a la réputation établie d'exceller dans l'art d'imprimer en couleurs.

Il ne nous paraît pas inutile de dire ici un mot au sujet des deux auteurs :

Hokusaï Katsushika, créateur d'un genre nouveau de peinture, né à Yedo, avait d'abord étudié la peinture sous la direction du célèbre peintre Shunshô Katsukawa et avait ensuite été élève du peintre Yûsen Kanô, qu'il dut bientôt quitter. Se frayant péniblement son chemin à travers les difficultés de la vie, il se perfectionna seul et parvint à créer lui-même une nouvelle école à jamais célèbre.

Il avait plus ou moins subi l'influence de l'art européen, y ayant été initié par le peintre Kôkan Shiba qui avait acquis une notion de la perspective et du procédé réaliste auprès de résidents européens établis à Nagasaki.

Hokusaï travailla à l'illustration de la plupart des romans de son époque et produisit en outre une grande quantité d'estampes. La composition des " cent vues du Fuji " compte parmi ses nombreux chefs-d'œuvre.

Il décéda en 1849 à l'âge de 90 ans.

Kôrin Ogata, qui a acquis une célébrité presque égale à celle de Hokusaï, était né à Kyôto. Son père était marchand fournisseur de la cour Impériale. Après avoir suivi les leçons de peinture chez les artistes Kôetsu Honnami, son parent et Yasunobu Kanô, il sut fondre ensemble tout ce qu'il avait trouvé de mieux chez l'un et chez l'un pour créer une école mixte, qui porte son nom. D'une touche vigoureuse et à la fois gracieuse, il a peint les fleurs d'après nature. Il s'est distingué par une habileté incomparable dans la composition de dessins. La peinture, que nous lui avons empruntée, est un spécimen des mieux réussis de ses œuvres nombreuses, qui dénotent un talent extraordinaire.

Il est mort, en 1716, à l'âge de 56 ans.

LISTE DES ILLUSTRATIONS HORS TEXTE

Personnel du bureau :

    Prince Iyesato Tokugawa, Président; Baron Shibusawa et S. Shimada, Vice-Présidents;
B. Nakano, Chef du Comité Exécutif; Baron Okura et Baron Kondo, Trésoriers-Inspecteurs;
S. Hayakawa, T. Kakiuuma, M. Kushida, S. Ohashi, S. Terada, T. Wada, K. Yanagita, et
Z. Yasuda, membres du Comité Exécutif

Collaborateurs :

    Maréchel Comte Teraoutsi, Vicomte Motono, I. Ouka, Marquis Kuroda, Vicomte Takaaki Kato,
T. Hara, T. Inukai, J. Soeda, C. Matsuyama, Baron Osuda, Baron Sakataui, M. Dai,
K. Otani, et Y. Kawasaki

Vue de l'intérieur du Bureau, où se prépare l'expédition des lettres circulaires d'in-
    vitation à souscrire pour le fonds de secours

Entrée du Palais Impérial à Tokyo

Pont de chemin de fer sur le Yalou

Plantations de cannes à Formose

Rue du Nihombashi à Tokyo

Port de Yokohama

Port de Kobe

Port d'Osaka

Château de Nagoya

Palais Impérial à Kyoto

Porte Yômei à Nikko

Avenue de Cryptomeria, temple de Kasuga

Miyajima

Matsushima

TABLE DES MATIÈRES

9 782329 269726